Philosophy and Life

哲学与生活

艾思奇 著

人民出版社

责任编辑:方国根

图书在版编目(CIP)数据

哲学与生活/艾思奇 著. -北京:人民出版社,2012.7
 (2023.7 重印)
ISBN 978-7-01-009715-2

Ⅰ.①哲… Ⅱ.①艾… Ⅲ.①马克思主义哲学-文集
Ⅳ.①B0-0

中国版本图书馆 CIP 数据核字(2011)第 034518 号

哲学与生活
ZHEXUE YU SHENGHUO

艾思奇 著

人民出版社 出版发行
(100706 北京市东城区隆福寺街 99 号)

北京中科印刷有限公司印刷 新华书店经销

2012 年 7 月第 1 版 2023 年 7 月北京第 4 次印刷
开本:880 毫米×1230 毫米 1/32 印张:3.5 插页:14
字数:98 千字 印数:23,001-28,000 册

ISBN 978-7-01-009715-2 定价:24.00 元

邮购地址 100706 北京市东城区隆福寺街 99 号
人民东方图书销售中心 电话 (010)65250042 65289539

解放初期艾思奇在住所写讲稿

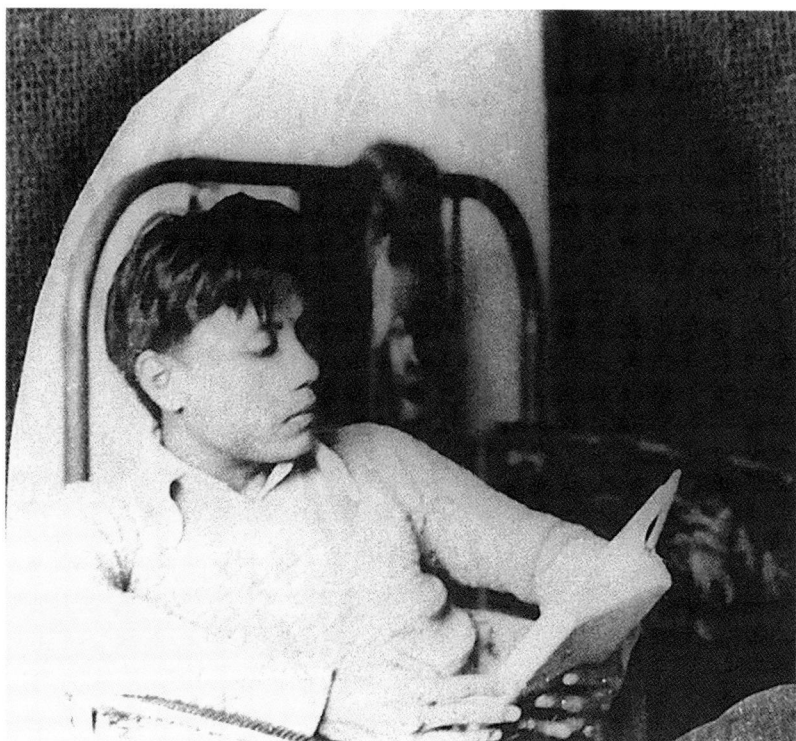

1932 年在上海

1939 年祭黄帝陵，左二为艾思奇

1953 年在上海

勞謙

艾思奇最喜爱的座右铭之一

博學之　審問之　慎思之　明辨之　篤行之

艾思奇最喜爱的座右铭之二

思奇同志：

你的《哲学与生活》是你的著作中更好的

一个，我读了得益很多，抄

录了一些，送请你看一看是否有抄

错。其中有一个问题略有疑点，我对于此

问题还没有充分考虑，请你考虑一下，赐

教为盼。我们有几个同志

此间正在自研此书。

敬礼

毛泽东

毛泽东：给艾思奇同志的一封信

艾著 哲学与生活 摘錄

（一九三七，九月）

毛泽东：艾著《哲学与生活》摘录

艾思奇 哲学与生活 摘要

我们所用的一切名词（或概念，范畴），例如绝对相对等等，都是现实事物的反映。 地震上有现实们吗，有的叫名词。相对绝对两名词，也不是和现实事物离开的。

同事也从中有绝对吗？有的

例如行军途，必须行军不变的。

以调行军是从现实不适状态，要求他停，也必须以现状况见 不停变化。

以调周围的人见不为惊怕，不知道人也会惊讶。

思想不见绝对的，实际也不见绝对的。

超过了现实与逼真记忆的实现，与世隔绝现实，
问见观念论。一切观念论中，大部分都是
绝对主义。

去做切批痛，见一种绝对主义，因为他
们把现实当成绝对了，不知现实
重复的去到实现打批实现。

呈现的变动和去明的现实，见和努力去
成比例的，努力则实，不努力则呈，
这些东西的相对化，见因对化努力
或不努力而引了，见对批的别他而
言的。

抓对主义把批实以为一见的实现，一人
一现，十人十现，还不见玉元了。
这见惯的统主义，一切呈惯，是万能
框。

相对就是对的，绝对一点也不对了。
多数人拥护真理多，少数人绝对真理
多。

相对真理诸发了事物的相对性。
事物运动的相对性是在发展过程的
诸状态各个把握，构成了相对真理。
永远事物的运动性，相对性，同时承认
变动中相对性的一定的东西，运动本身
存在的一定的规律，也就是承认
绝对的东西。绝对包含在相对之中，
相对真理不承认这种规律性。

相对的东西，包含着一定的绝对的东西，绝对
的东西，是作为相对的东西的每一个不
同阶段而表现出来，这就是两把剑。

係。

揭章兄：一說把消极的东西抛弃了就行了，一說又把消极的东西加以批評再改作而保存下來，這兩种的抛弃意思不一样。比如对我選擇了某一个研究领域，比如对把他局限在抛掉了的範圍中了。这样，我们不能对我選擇，只能是他们范围上，而不能使他们领了，这不是简单的保留是什么？

不是抛弃上承认我選擇了，那它们有什么意思不是什么？（沈友仁）

运动的东西，在它部分的位置一点上，都是同时存留同而同又不存留同，这是两个矛盾同在一点上的。黑格说：运动是存留此地的矛盾，那此是运动的存留，而此

构成 构成，互为规定。静止与运动
的特殊形态，从而运动的停留，
运动也就是静止的积累，又是运动
静止的积累，因此才把运动叫作
静止建了。（梁复仁）

形式逻辑与辩证逻辑，见附考阅的
见。

辩证逻辑：A是A，同是又不是A，一件
东西和他本身同一，同时又不同一。

形式逻辑是只问一定是，辩证逻辑
则不管只是一定是，又是别一定
（不同一），因此他们们区别开式
逻辑。形式逻辑是不到的辩证逻
的名叫，形式逻辑是别门同，辩证逻

一眼看到，而是分为了阶段，有顺化）。

之外说：一箱表现月光月，另一箱又表现
光月了，就表现光化。这两个今表现时间
像不是一个那样一箱与另一箱，而表现
同时，光立相连连，立相作化。光
整个作绕一，不是机械的结合，也不
是机械的折散。从折散来看，就没
了机械了那。从新那化就表现
这种折散了那的那分了。

春事也承说他们作信等片表现过去前
那论说了上，而后被那化抱素的
化而化了说：「我做也加化记用。
中、那明明他包着待他们作信等化，那
而为那化之研究过程中直去的信
会。这样来那很急个研究光那化的化

研究过程中分析综合运用归纳法、演绎法，把这些方法综合起来就成为整个
那一代研究过程。

归纳法是以许多较新的特殊事物中找出他们一般的系统的共通点，是由特殊
到分析。演绎法是用一般来说明特殊事物，是由一般综合。分析是从
特殊到一般，综合是一般到特殊，是抽象到具体。以至于如此，整个
以分析为主，不过把归纳法演绎法机械的拆开的综合起来而已。

以综合为主法，他仍是特殊到一般，一般到特殊，就是归纳法演绎法，只演绎结
构。

从分析法，从特殊到一般的过程中，那

用到普通逻辑的比较、观察，比较，分析等方法，但为什么不能孤立应用它。因为他这代表正是当先着分析的路径，只是要从许多事物中抽出属于一般的规律。那论代表如此，不当见分析，同时也要综合，不只是抽出属于一般的规律，还要找出全面的矛盾统一的规律。化一般到特殊的运行中，见不见出现的情况代，做综合路径，把一般代对应用到综合到个别事物上就对了呢？

不够的。如果要最好的论代，就不要只是应用代对，还似综合，在应用与综合同时，也要就那个别事物研究有以思体条件加以分析，来找其新的特殊的考虑动向。

不论从一般到个别，从个别到一般，我们们就把事物象研讨代们。它们也没有作为研究近况中的要素而被应用，不仅都同另一要素而相互联系。他们并不简单地被抛弃，但也不脱离地被保存，而是被吸收、消化、改作。那讨代见整个的那讨代、以见到必高清代这凑成的。

事物在变更过程中，他们也变不变，这些他变还是相对静止的，不是绝对不变动。因为相对的静止仍是绝对的运动的一种特殊状态，所以在相对论静止，仍然要用辩证法去研究，把他看作静止。辩证法既侧重只静止一方面，更强调全面诸大运动，尤其根本的运动。既然我们辩证法既抓着事物的静止，连辩证法的一方也包括在内，为什么对相对论静止还要用那辩证法去研究呢？

普赫金说：「认识中国社会的性质，要从你静态的研究，因而问题的提出也就是站在辩证论证手上了。

这是自动的，说所谓也罢。但他唆且，若是对中国社会现阶段的研究，我是动态的研究，是辩证法问题；而静态性质，阶层等就是静态的研究，当然

形式逻辑

原来……，这不是以……的形式去……？

……关系等问题，是哲学问题以……
都……把他哲学……，如果……
在那里……，至少……意思……
……，……是……，……形
式逻辑……例如吗？形式逻辑
上规一个，上……成为公式去……，例如
封建社会……资本主义……革命，这是公式。
因为中国……封建……，就说
中国……资本……革命，直主资本主义
社会。这样的结论，在形式逻辑
上很直接，也……此说，因为
中国的具体条件被抹杀了。中国的

具体条件不允许限于历史上的资本主义社会，也不许可达至资本主义社会。□一切问题与此同样，形式逻辑对此解决不了，即指出形行比一道，凡要到临语大列茅盾的公式去看，不能解决任何问题。

在辩别都诡的诡辩论中，把运动看做受言别中的受数停留点，从见结论误，只有受数停留点，以有运动。茅盾说，静止是运动的停留，运动是静止的积累，这见诡辩论的观点。

列宁说：就是一个简单的判断，也是寄居的统一，例如伊凡是人，这命题，就有以"特殊等于一般"的意思了。形式逻辑也承认这个命题属于这一类命题，而不说这个命题荒唐，因为形式逻辑本身也不代藏它们一律，否则他就违反逻辑了。形式逻辑运用这一类命题时考虑以为抽象的东西包含矛盾，因此不地说这是矛盾的统一律的运用。他只是不否认这一类的命题本质上包含着矛盾的统一。

艾思奇说：差别的东西不是矛盾，例如笔、桌子不是矛盾。但从某些排除矛盾和变

化们我看到现，就知差别的东西
在②一定条件下也可以转化为书眷，
你看着两件差别东西同时同地在
一起，见看出二拥掠乐的作用时，
就成为书眷了。你看屋笑与作家
来会书眷的，如果某店员为了写作或
兴趣，而热成为作家时，二件就在
统一驼套二拥掠乐，也就成为书
眷了。如说善志，敬重，才是书眷，
其他不们转化为书眷，这见而式
走来份刺份笑，与快乐而刺份相
及，书眷，对待了之为而式言笑役见
分别的了。
拼走退既见对份，但差别不见书眷了
的变化不对。等分别的日东西

在等条件下都觉不着，一个人坐
椅摆笔属望川况而作文，
觉同人与作文这两个一定的条
件把新的东西〔一〕暂时
的统一了，不则就使此差别不
觉不着。大司父煮饭，把菜来
川扒整醋茶在一定的条件下
统一起来。唐岌与作宫也了
以在一定条件下〔例如〕统一起
来。把书读，了以把之读统一
起来。差别觉不上一方事物，
在一定件下都觉不着，故差别
都觉不着，其间之代觉不
定的。（如后来岌久）

抽中排除的公式「A是B或非B」，其实包含着这样的引导，即A不是A而是B了，或也说（因为）B了则是B；也可说非B了。黑格尔早已这样批判过了。

外因不可忽视，却可改变事物的性质，改变事物性质的是内因。恩格斯说统统所见，内因与外因的相互作用，这是机械的交互作用，双方没有了不同，这就形成了恩格斯的抹煞矛盾。那种机械的交互作用则不然，双方有着第一第二那样的分别。

所谓恩格斯的所陈述：机械者是外部的动力，也是外部的强制作用的方法，也物进化由于环境，见不见事实，是不能否认的证定他。张西问时往往把事物变化的主动性，认为事物变化的决定的东西。机械有动性，化学有化学的性质，生物有进化的性能，因此动力、热、电流等外因才能起作用。决定事物变化的是自性的，不是外因，而是内因。

一般的东西，总是要以特殊的形式表现出来，也比以为字统的一般存在物。所谓一般之中有特殊了，离掉离特殊的形式表现出来的一般的东西，不是说为什么独言。一般之外的特殊东西（又恰象英书说，辩证论是一般规则，但中国的特殊东西却不适用他，中国的特属是不会规律性的问。一般和特殊在一定场合下统一，又分于统的一般，也以分析一般之以以分于统的特殊。

那在唯物论的发生，长抓件事实所核心，日本的考察，其从的顺度规律性，不从其会的表示。机械的唯物论比，低级论比，实用论比也都不会事实，都由于是事物的表示的关系。会是事物，是认识的初步阶段，是种子的初期阶段，十七八世纪的唯物论，和机械的科学把仁就是此样的，不否认事物之于后人的重要认识，比以其机械地考察天然的行为表现，实用其次比较错之手的言论高级多意外一步多西，唯物至善虽的人浸染以开示所绝对不抵抗的错误。此两者见解不同，信念，而不看见信念的本质，平常见不抵抗的错误，而常不以抵抗为创造，这种对顺利事实的考查，与作物那个进化完全不同的。机械运动由于外力的事实，只见表面的事实，机械并没有运动的物性，抗拒事实的本质。机械时代的种子，只注意外力的研究，完全用在机械那种养成，以机械通则运动举凡中大。多级阶段的那种下，使人对机械运动也知用力为便大说明了。天然运动，牛顿时代是知用引力（外力）去说明，相对论书用运动本那种性质去说明了。

再 版 说 明

艾思奇同志是我国著名的马克思主义哲学家,是中国共产党在理论战线上的忠诚战士,他是云南人。为了纪念艾思奇同志,我们重印了他的著作《哲学与生活》。

艾思奇,原名李生萱,现在的名字是他在上海时用的笔名。1910 年生于腾冲县和顺乡水碓村。青少年时期,在昆明等地上学,在云南省立一中上学时,便积极参加党的外围活动。1928 年留学日本,在福岗工业大学冶金系学习,业余刻苦攻读马克思主义哲学。"九一八"事变后,毅然弃学回国。1932 年到上海后,参加了"上海反帝大同盟","中国社会科学家联盟"等革命组织。1932 年开始从事马克思主义哲学的理论工作,出版了脍炙人口的《大众哲学》,还写了许多宣传马克思主义的文章。1935 年参加中国共产党。1935 年至 1937 年参加编辑《读书生活》杂志。1937 年调到延安工作。在毛泽东同志的直接领导下,负责延安新哲学协会、边区文协的工作。历任抗日军政大学、延安马列学院教员,中央研究院文化思想研究室主任,中央文委秘书长,延安《解放日报》副总编辑、总编辑。全国解放后,历任中共中央党校哲学教研室主任、副校长,兼任中国哲学协会副主席、中国科学院哲学社会科学学部委员。他是党的"七大"、"八大"代表,全国人民代表大会一、二、三届代表。1966 年3 月在北京逝世。

　　《哲学与生活》是艾思奇同志在上海参加编辑《读书生活》杂志时,为了回答读者提出的问题,所写的一些文章的结集。

　　1937 年,毛泽东同志读了这本书,作了 19 页长篇摘录,并提出了"差异就是矛盾"的科学论断。毛泽东同志在致艾思奇同志的信中说:"你的《哲学与生活》是你的著作中更深刻的书,我读了得益很多。"毛泽东同志以非常谦虚好学的态度,给予这本书以较高的评价。毛泽东同志的信和摘录,是我们学习和研究毛泽东思想发展的宝贵文献,现在我们一起汇集出版。对《哲学与生活》一书,在和艾思奇同志文稿整理小组商量后,删去了一些对当前意义不大的几篇文章,其他都按照原版本排印,未作内容上的任何改动,只作了一些标点和规范性的改动。最后还收了两篇关于毛主席的信和摘录的回忆文章。

目 录

ZheXue Yu ShengHuo

毛泽东同志给艾思奇同志的一封信

ZheXue Yu ShengHuo

思奇同志：

　　你的《哲学与生活》是你的著作中更深刻的书，我读了得益很多，抄录了一些，送请一看是否有抄错的。其中有一个问题略有疑点（不是基本的不同），请你再考虑一下，详情当面告诉。今日何时有暇，我来看你。

毛泽东

艾著《哲学与生活》摘录

（1937 年 9 月）

ZheXue Yu ShengHuo

我们所用的一切名词(或概念、范畴)，例如"绝对"、"相对"等等，都是现实事物的反映。世界上有现实的马，才有马的名词。相对、绝对两名词，也不是和现实事物离开的。

日常生活中常常有绝对主义在作怪。

例如信命运，以为事情是不变的。又如认某处生活环境不适于己，要求他移，也以为环境是不能变的。又如认周围的人是不觉悟的，不知道人也会变化。

黑暗不是绝对的，光明也不是绝对的。

超过现实去追求理想的实现，与逃避现实，同是观念论。一切观念论中，大部分都是绝对主义。

左倾幼稚病，是一种绝对主义，因为它们把理想看绝对了，不知理想要按照当前实况才能实现。

黑暗的变动和光明的取得，是和努力与否成比例的，努力则然，不努力则否，这些东西的相对性，是对于努力或不努力而言的，是对于时间性而言的。

相对主义认为没有一定的真理，一人一理，十人十理，"还不是差不多"。这是怀疑主义，一切皆疑，无可把握。

怀疑是对的，怀疑一切是不对的。

老年人相对主义多，少年人绝对主义多。

相对主义夸张了事物的相对性。事物变动的相绝（对）性是应该承认的，夸张到无可把握，就成了相对主义。

承认事物的变动性、相对性，同时又承认变动中相对中的一定的东西，事物发展的一定的规律，在相对中承认绝对的东西。绝对包含于相对之中。相对主义不承认这种规律性。

相对的东西，包含着一定的绝对的东西，绝对的东西，是作为相对的东西的每一个必然阶级（段）而表现出来，这就是两者的关系。

扬弃是：一方面把消极的东西抛弃了否定了，一方面又把积极的东西加以批评改作而保留下来，不是简单的抛弃。叶青说："从前以形式逻辑支配一切研究领域，现在则把他局限在相对的静态中"。这样，我们否定形式逻辑，只能在他的应用范围上，而不能在他的质了，这不是简单的保留是什么？不是本质上承认形式逻辑和辩证法有同等意义是什么？（张友仁）

运动的东西，在空间的任何一点上，都是同时停留，又不停留的，这是运动的矛盾统一。叶青说："运动是静止的积累，静止是运动的停留，两者相生相成，互为规定。"静止只是运动的特殊形态,决不是运动的停留,运运(动)也决不是静止的积累,如果只是静止的积累,根本把运动解消在静止里了。(张友仁)

形式逻辑与辩证逻辑,是最根本的问题。

辩证逻辑:A 是 A,同时又不是 A,一件东西和他(它)本身同一,同时又不同一。形式逻辑只看见同一这一面。辩证法则不仅看见这一面,又看见另一面(不同一),因此他能包摄吸收,扬弃形式逻辑。形式逻辑看不到的,辩证法能看到,形式逻辑看到了的,辩证法不但看到,而且加了改造与深化。

不能说:"一方面承认 A 是 A,另一方面又承认 A 不是 A",就算是辩证法。这两个命题的关系不是所谓一方面与另一方面,而是同时,是互相渗透,互相联结。是整个的统一,不是机械的结合,也不能机械的折(拆)散。如拆散去看,就成了折衷主义。叶青的辩证法就是这种折衷主义的曲解。

叶青也承认归纳法演译(绎)法是建立在形式论理学上,是要被辩证法扬弃的。然而他又说:"我们也可以在应用中,范畴地看待归纳法演绎法,而为辩证法研究过程中适当的场合。"这样承认整个研究是辩证法的,但在研究过程中有时要应用归纳法,演绎法,将这些方法结合起来就成为整个辩证法研究过程。

归纳法是从许多复杂的特殊事物中找出它们一般的单纯的共通点,采的路径是分析。演绎法是用一般原理说明特殊事物,采的路径是综合。前者从特殊到一般,从具体到抽象,后者从一般到特殊,从抽象到具体。照叶青的办法,整个的辩证法,不过将归纳法演绎法机械的折衷的结合起来而已。

照叶青说法,似乎辩证法的研究,也是从特殊到一般,从一般到特殊,他就是归纳演法绎法,其实是错的。

在辩证法,从特殊到一般的过程中,虽用到普通归纳法里的观察、比较、分析等方法,但只作一个要素应用他(它)。因为归纳法在这里只走着分析的路径,只从复杂事物中抽出简单的一面的规定。辩证法却不然,不只是分析,同时也在综合,即不只抽出简单的一面的规定,并要找出全面的矛盾统一的规定。

在从一般到特殊的过程中,是不是只用演绎法,取综合路径,把一般法则应用到综合到个别事物上去就行了呢? 不行的。如果要贯彻辩证法,就不单只应用法则,采取综合,在应用与综合同时,还要就那个别事物所具有的具体条件加以分析,发现其新的特殊的矛盾动向。

不论从一般到个别,从个别到一般,我们的方法根本都是辩证法的。归纳法演绎法只各自作为研究过程中的要素而被应用,不能离开另一要素而独立存在。它们并不简单地被抛弃,也不简单地被保留,而是被吸收、消化、改作。辩证法是整个的辩证法,不是归纳法演绎法拼凑成功的。

事物在量变过程中,它们性质不变,这时在性质说是相对静止的,然在量说始(终)在运动。因为相对的静止仍是绝对的运动的一种特殊形态,所以在相对的静止,仍然要用辩证法去研究,才能看得深刻。形式逻辑只能看见静止一方面,并且会夸大这方面,忘记根本的运动。既然有了辩证法能抓着事物的全面,连形式逻辑的一面也包括在内,为什么对相对的静止还要用形式逻辑去研究呢?

叶青说:"认识中国经济的性质,显然是静态的研究,因而问题的提出无疑是站在形式论理学上的。"

这是错的,这是折衷主义。照他的意思,只有中国社会发展的研究才是动态的研究,是辩证法问题;形态、性质、关系等只是静态的研究,应该属于形式逻辑,这不是明显的折衷主义么?

性质关系等问题,是发展问题的起点,虽不能把他(它)看做发展的本身,如果是忠于辩证法的,至少应从里面看出发展的动力,看出具体的矛盾,这是形式逻辑做得到的吗?形式逻辑只看见一面,只能成为公式主义。例如封建社会需要资本主义革命,这是公式。因为中国经济是封建经济,就说中国需要资本主义革命,建立资本主义社会。这样的演绎,在形式逻辑是很通的,也只能如此说,然而中国的具体条件被抹杀了。中国的具体条件不允许限于历史上的资本主义革命,也不许可建立资本主义社会。一切问题与此同样,形式逻辑不能解决问题,只有请出辩证法一途,从普列哈诺夫到叶青的公式主义,不能解决任何的问题。

两千年前希腊的诡辩论者，把运动看做空间中的无数停留点，于是结论说，只有无数停留点，没有运动。叶青说，静止是运动的停留，运动是静止的积累，这是诡辩论的还魂。

列宁说："就是一个简单的判断，也是矛盾的统一，例如'伊凡是人'这命题，就有着'特殊等于一般'的意味"。形式逻辑也常说"青年是店员"这一类命题，而不说"青年是青年"，因为形式逻辑本身也不能严守同一律，否则它就建立不起来了。形式逻辑运用这一类命题时当然没有想到里面含有矛盾，因此不能说这是矛盾统一律的应用。但我们不能否认这一类的命题本质上包含着矛盾的统一。

艾思奇说："差别的东西不是矛盾，例如笔，墨、椅子不是矛盾。但如果懂得推移和变化的原理，就知差别的东西在一定条件下也可以转化为矛盾，倘若某两件差别东西同时同地在一起且发生互相排斥的作用时，就成为矛盾了。例如店员与作家本无矛盾的，如果某店员有了写作兴趣而想成为作家时，二者就在统一体里互相排斥，也就成为矛盾了。如只认善恶、男女等等才是矛盾，其他不能转化为矛盾，这是形式主义的划分法，与张东荪划分'相反、矛盾、对待'之为形式主义，是没是(有)分别的。"

根本道理是对的，但"差别不是矛盾"的说法不对。应说一切差别的东西在一定条件下都是矛盾。一个人坐椅摇笔濡墨以从事作文,是因人与作文这两个一定的条件把矛盾的东西暂时的统一了,不能说这些差别不是矛盾。师傅煮饭,把柴米油盐酱醋茶在一定条件下统一起来。店员与作家也可以在一定条件下统一起来。半工半读,可以把工读统一起来。差别是世上一切事物,在一定条件下都是矛盾,故差别就是矛盾,这就是所谓具体的矛盾。艾的说法是不妥的。(毛泽东意见)

排中律的公式"A是B或非B",其实包含着这样的矛盾,即"A不是A而是B",或者说"B可以是B,也可以是非B",黑格尔早已这样批判过了。

外因不可忽视,却不能决定事物的必然性,决定必然性的是内因。叶青说"须承认内因与外因的交互作用",这是机械的交互作用,双方没有高下的,这就形成了叶青的折衷主义。辩证法的交互作用则不然,双方有第一义第二义的分别。

承认叶青的问题:"机械需要外部的动力,水遇外部的热化为汽,生物进化由于环境,是不是事实"?并不简单地否定他。然而同时须承认事物变化的本身能动性,这是事物变化的决定的东西。机械有可动性,水有化汽的性质,生物有进化的性质,因此动力、热、环境等外因才能起作用。决定事物变化的必然性的,不是外因而是内因。

一般的东西,总是要以特殊的形式表现出来,世上没有单纯的一般存在物。所谓"一般之中有特殊",是指取特殊形态表现出来的一般的东西，不是说有什么独立于一般之外的特殊东西（如像叶青所说内因论是一般原则，但中国的特殊性却不适用他，中国的发展是不合规律性的）。一般和特殊是矛盾的统一，没有单纯的一般，也没有独立在一般之外的单纯的特殊。

辩证唯物论的特点，在于抓住事实的核心，事实的本质，事实的内部发展规律性，不在于尊重事实的表面。机械唯物论者、经验论者、实用主义者也都尊重事实，都只尊重表面的事实。尊重表面事实，是认识的初步阶段，是科学的初期阶段，十七八世纪的唯物论，和机械的科学思想就是这样的。不否认表面事实也可给人以某些认识，十七八世纪的机械力学曾提供了许多真理，实用主义也比粉饰太平的空论家能多看到一点东西，能相当暴露敌人侵略的罪恶和绝对不抵抗的错误。然而单看见敌人的侵略，而不看见侵略的本质，单看见不抵抗的错误，而看不见民众抵抗的前途，这种对眼前事实的尊重，与唯物辩证法是完全不同的。机械运动由于外力的事实，只是表面的事实，机械本身有运动的可能性，才是事实的本质。机械论时代的科学，只注意外力的研究，是因当时科学还在初期阶段，还不能渗透到运动的本质中去。进到高级阶段的相对论，使人对机械运动也知用内因去说明了。天体运动，牛顿时代只知用引力（外力）去说明，相对论却用运动本身的性质去说明了。

哲学与生活

艾思奇

相对和绝对

——答半呆君

ZheXue Yu ShengHuo

　　我们现在把半呆君的这一个问题提出来讨论,不单只是因为它有哲学上的兴趣,而且也想从它里面找出实践上的意义。"这是为什么呢?"有人一定要问说:"相对和绝对,不是两个抽象的哲学名词吗? 相对和绝对,绝对和相对,任你说来说去,怕仍只是在空名词里打弯子,实践的意义在哪里,和中国自前所急切要解决的民族解放问题又有什么关系?"

　　"慢慢地听我们讲罢!"我们要回答他说:"我们所用的一切名词(或概念、范畴),原来都是现实事物的反映,世界上有现实的马,才有马的名词,有资本主义制度,才有资本主义的名词,相对和绝对两个名词,也不是和现实事物离开的,甚至于在民族解放的实践运动中都有联系。是怎样离不开和怎样联系的呢？这篇文章下面会慢慢谈到。现在只先总说一句：人们所以会觉得一讨论到这样的问题就是在抽象词句里打圈子，是因为他们上了旧哲学者的当，因为那些学者忘记了名词和事实的关联，常常把事实抛开，单独地玩名词的把戏。如果我们能够把它从抽象的半空中曳下来，使它立足在现实的土地上，那么，就是实践的人们也需要注意他了。

"名词是在人用，用法不同，也就有不同的意义。学究的哲学者是把名词拼拼凑凑，说些'相对的绝对'、'绝对的相对'、'绝对的绝对'等等的呓语。但是我们呢？我们却要处理这些实际问题：战争的不可避免是绝对的么？现阶段的和平运动只有相对的意义么？中国人必须联合抗敌才有出路，这是相对的真理，还是绝对的真理？如果相对真理和绝对真理不能分开，那么两者中间有什么关系？我们要解答这些问题，还要把这些解答应用到更实际的日常生活中去。"

×　　　×　　　×　　　×

在我们的生活中，常常有绝对主义的鬼魂在作祟，这是我们首先要注意的。思想进步的青年们，谁都相信世界是不断地在变化，社会是不断地在发展，现社会的不良制度，只在现在的阶段才会存在，将来终有一天要消灭的。但这只是一部分进步的人的思想。我们现在还可以遇到许多另外的人，他们还在相信天命，以为世界上的一切，都是有一个最高的主宰在那里安排好了，永远不能改动的，生活的痛苦，也只能怪命运。这就是绝对主义的一种，因为它把世界看做绝对的主宰所玩的绝对不变的把戏，一切事物都是绝对的，依着绝对的秩序安排在那里。这只是就很大的世界观方面来说，如果我们从一些比较小的事情来说起，就更明白绝对主义是怎样有时会支配着我们。

即使是进步的、觉悟的青年,我们也常常看见这样的毛病:他们常常写信来说:"我的环境太恶劣了,这样的环境和我不能相容,我必须离开它,到较好的地方去生活,或者请你们把救国团体的关系介绍给我,让我好到里面去痛痛快快地工作。"这样的见解,也正是无意中被一种绝对主义的思想所支配了。虽然这种见解的主人翁是进步的青年,接受了新思想,懂得世界是变动的,懂得中国人现阶段的任务是救亡抗敌。然而他们没有把自己的进步的思想,无遗憾地应用到个人的生活态度上去,他们对于自己的生活,仍是用固定的、非变动的、绝对的观点去观察,不错,他们的环境实在黑暗,然而他们忘记了黑暗也可以打破,前进青年的努力,可以使环境变动。他们周围的人是不觉悟的,然而他们忘记了不觉悟的人也会变动,在一定的情形之下,也有走到觉悟的路上去的一天。他们把黑暗固定化了,把不觉悟绝对化了,以为这全没有变好的可能。于是就绝望地叫道:"我没有办法了,我的生活环境已经不能容纳我,让我到另外的更光明的天地里去吧!"

我们接到这样的青年们的来信,就不能不回答他们说:"你的想法是错了,你以为自己的环境坏,要逃出这黑暗圈,是错误的。逃避不是生活的正当方法。因为在目前的社会里,就根本没有一块完全光明的地方,你逃出了自己的环境,仍然要走进一个新的黑暗圈里,逃避也是无用。但你用不着悲观,因为光明是从黑暗中打出来的,不打破黑暗,不会有光明,所以你应该留在自己的环境里,尽可能的实行你进步者的任务——打破黑暗。你不要把黑暗看得太绝对了!"

由这一个实例里,我们可以知道,绝对主义是要反对的,它使我们不肯从眼前现实里去工作、去奋斗,只梦想着另外的光明地方,或者想逃避现实。绝对主义是和事物的真实情形不符合的,因为事物都会变动,黑暗的社会也会发展成光明,不是绝对的黑暗。光明的东西也是从黑暗中孵化出来的,不是天上掉下来的绝对的光明。

要把握新哲学和新社会科学的真确意义,也要反对这绝对主义,否则口里虽然谈新哲学,实际上仍成了观念论者。这个哲学和社会科学的出现,是要我们在现实的黑暗社会中,用种种的方法去促进将来的社会和目的的实现。有些误解这种科学的人,他们把将来的社会看成一个理想,很性急地想马上就在世界上建立起来,而不知道从实现社会里促进它。虽然他们所悬的理想好像和新哲学新科学一致,但实际上他们是太看重理想,而忘记了现实,所以还是一种观念论(一切的观念论大部分都是绝对主义)。我们常听到所谓"左倾幼稚病"的名词就是这一种绝对主义的作祟,因为它们把新社会科学的理想看得太绝对了(即忘记了它是从旧社会中孵化成的)。

事物不是绝对不变,绝对主义是不可信的。那么,我们是不是可以反过来,相信相对主义,主张一切都只是完全相对的么?

×　　　×　　　×　　　×

我们先要说:我们不能不承认事物都有相对性。因为事物都在变动。我们既然承认自己的黑暗的生活环境终有变好的一天,那我们同时也就不能不承认,黑暗只是在今天存在,只要我们看清楚了社会发展的道路,依着这道路奋斗下去,那么,明天或后天总有发见光明的时候。这就是说,黑暗是有相对性的,是和今天的时间相对的,或者是和我们的不努力相对的,我们不努力一天,黑暗势力就可以延长一天。同时光明也有相对性的,社会的发展虽然有光明的前途,但这前途不会突然自己掉下来,而需要我们去促进,也不是凭空地轻易地就可以由我们建立起来,而是需要我们在现实社会中为它奋斗、努力,它的出现和我们的努力是相对的。

但我们这样说,并不是就要相信相对主义。事物的相对性是必须承认的,因为事物是不断地变动,没有绝对的永久的存在。但承认了事物的相对性,并不就是要相信相对主义。相对主义为什么不可信?因为它把事物的相对性太夸大了。它使我们这样想:"什么都还不是一样,黑暗也好,光明也好,都是相对的,都没有一定的标准,世界上也没有什么真理,因为真理都是相对的,我说是真,别人也会以为是假。生活也是一样,何必努力奋斗呢?将来的光明,也许只是我心里的空想,何必为它白白吃苦?混得一天算一天,这就是过日子的方法。"

相对主义把相对性太夸大了。夸大到使我们不能相信一切,使我们怀疑一切,相对主义就是一种怀疑主义。人们观察事物,怀疑是要的,但弄到怀疑一切,在生活上思想上没有一点东西可把握,只图目前混日子,那就糟了。

这一种相对主义或怀疑主义是有毒的,但在青年人中间,受这种毒的人比较少,青年人因为热情很高,容易被绝对主义作祟,但很少中相对主义的毒。这种毒多半在老年人的身上作用着,或者染着暮气的青年人,也会有这种倾向。他们大抵是受着打击而经不起打击的人,没有向前斗争的勇气,容易和眼前的恶劣势力妥协。因此,右倾的毛病,一部分也就是来自相对主义的。如果说绝对主义是青年病,那么相对主义就是一种老年病或成人病。(当然我们也不能否认有老当益壮,愈老而愈更有锐气的人,所谓老人病不过是一个比喻罢了。)

× × × ×

相对主义把相对性过分夸大，夸大成一种病态的歪曲思想，这是我们要反对的，在前面已经讲明白了。但我们并不是要完全反对事物的相对性。我们既承认事物的变动性，就不能不承认它的相对性。不过，这种相对性和怀疑一切的相对性不同，这种相对性只指出了事物的变动，却不否认这变动中有一定的规律、法则，有一定的来由和前途，所以，虽然并没有把现在的东西看做绝对永久，但也并没有否认了世界发展的一定秩序和旋律。这就是说，它并不像相对主义那样怀疑一切，不相信任何规律。它虽然承认相对性和变动性，同时也没有忘了变动中的一定的东西，有规律的东西，这也就是说，它在相对性中，仍然看出了一种绝对的东西。绝对的东西包含在相对之中，相对主义就看不到这一点，这就是它和相对主义的不同。

譬如说，中国的民众现在都要求全国一致起来抗敌，这样的事，自然是相对的，因为这是在近几年来才最感迫切的需要。在七八年以前，我们自然也要反对帝国主义的侵略的，但那时还没有把全国的怒火集中到一个东亚帝国主义者的身上。在将来呢？这样的事情也会有消灭的一天，因为全国解放的要求，是来源于敌人的加紧的压迫，是和这压迫相对的。如果有一天，帝国主义的敌人失败了，或者因为他们本国的变化，停止了对我们的进攻，我们也自然不会再无缘无故地要把反抗的火焰燃烧在他们身上。抗敌救亡的要求，是会变化的，因此也是有相对性的。

但如果我们把这相对性夸大，说：好了，这样的要求只是暂时的东西，也许明天又不同了，也许后天又再有一个变化。我们即使不必为这样的要求而努力，也没有什么要紧，因为今天的事明天会变得怎样，我们是全不知道，何必白费气力呢？——这就成为怀疑主义了。

　　这样的夸大，当然是很不对。我们虽然承认，全国一致抗敌只是民族解放运动的现阶段的要求，在"现阶段"这一点上有它的相对性，但同时我们又不能不说，在现阶段上，用全国一致抗敌来实行民族解放运动是绝对必要的事，除了这一条路以外，在现阶段上，绝对没有第二条路可走。总之，在发展观点上，每一件事物都是有相对性的，但在发展的每一阶段，必有一定的规律，一定的事物的出现，这又是绝对的。相对的东西，总包含着一定的绝对的东西，绝对的东西，是作为相对的东西的每一个必然阶段而表现出来。这就是两者的关系。

　　说到相对真理和绝对真理的关系，也是一样。真理是不断地发展的，我们绝不能一次就把握到世界上一切的真理，我们的真理是一步步地深化，每一个时代，我们所能够把握到的真理，都有一定的限度，在这一点上，它是相对的。但同时，我们每一个时代所把握到的真理，都是以一定的程度把握到了事物的真实性，都能把真理推进了一步，这又是绝对不移的。我们今天所知道的真理，一定比昨天所把握到的更深刻、更进步，这一点是不容我们怀疑的。因此，凡是我们所把握到的真理，都是有着相对的基础（因为它不断地发展），而同时又有着绝对的内容的。

　　谈得太多了，问题也大致已经解释明白，真理的问题，请读者另外去参考别的哲学书，此地不多讲了。

世界观的确立

——答青年平君

世界观的苦闷,在青年学生和知识分子中间是常常有的。在最苦痛的境地里生活的民众,就不会有世界观的苦闷。因为他们的全副力量都要用来为生活挣扎,"要活"就是他们唯一的思想,唯一的世界观。生活地位较好的知识分子或青年学生就不然,他们除生活之外,还有一点余暇来研究、思索,他们在书本子上,以及从教师的口里,听得了各种各样的世界观,这些世界观都给他们有相当的印象、影响。于是他们就不能不比较、选择,究竟什么才是正确的世界观呢? 他们一定要确定,要把握到一种正确的世界观,才能够坚定地向前去生活、奋斗,否则就苦闷、彷徨,不知道走哪一条路好。

最近有一位青年平君的来信,就诉说这一

种苦闷。他的苦闷是对于唯物论和唯生论两种世界观不知选择哪一种好。这是目前一般学校里的学生所常感到的。他们一方面从自己的研究中接受了唯物论,知道了唯物论是目前世界上最进步的思想,然而一方面又在学校一部分教师的口中听来了唯生论,也说唯生论是目前最纯粹的世界观。当他们在两者中间不能作一个决定的时候,他们就彷徨了。平君说:"近来唯物论和唯生论在脑中打架,弄得不可开交,痛苦极了——什么事情都不高兴去干!唯物论大家都知道,唯生论据主张的人说就是中山先生思想的哲学基础,说是取唯物论和观念论而成,使我们莫明其妙!先生如能公开的答复我们,彼此才算是尽了本分——民族复兴。对于这样的事情弄不清,恐怕就是立足点不稳的缘故吧?"

这确是立足点没有弄稳的缘故。立足点不容易稳定,是知识分子的坏处,然而,如果他们一旦坚定地把握到正确的世界观时,他们所了解的也会变成更深刻更明白,这是他们的优点。他们应该发挥自己的优点,除去自己的弱点,因此,世界观的确立,在他们是很必要的事。

现在我们就给平君做一个答复,希望他能走上坚定的道路:

先说唯物论吧。唯物论常常被人误解,以为这就等于"唯利是图"主义,以为唯物论者所要的只是吃饭,精神上的安慰,一点也不需要。如果唯物论真是如这样误解的东西,那么,中国目前卖国的汉奸,通通都可以称做唯物论者了。因为他们做汉奸的唯一目的,也不外是做官、拿钱,做走狗的精神痛苦,是满不在乎的。然而这并不是真的唯物论,就是汉奸自己,也不一定肯承认他们是唯物论者。譬如郑孝胥之流,不是还满口讲仁义道德、孔孟王道、精神文明的么?

　　唯物论(尤其是新唯物论)的主张,并不是要完全抹杀了精神,而只是认为:物质先于精神,物质是精神的基础。譬如说劳苦大众,因为他们的物质生活是等于在死亡线上挣扎,他们的物质生活逼着他们拼命地为生活而挣扎,于是他们精神上、思想上所有着的唯一中心观念,也只是"要活"、"要和压迫自己生活的一切势力苦斗"。在北平一带的学生,物质上受民族敌人的压迫太切近了,所以他们精神上的抗敌救亡意识也特别迫切,虽然各地学生也同样知道要抗敌,然而比较起来,情绪的热烈,团结的坚强,行动的不屈不挠,仍是要首推北方。

　　论到民族复兴或民族解放,唯物论也是把物质的复兴或解放放在第一位。譬如要我们的广大民众讲清洁卫生讲节俭的美德,首先就要有清洁和节俭的物质条件存在才行。穷到四季只有一套衣服,连换洗的也找不到,那哪里还可以谈清洁? 穷到连肚子也吃不饱,活命还恐怕来不及,那哪里还用得谈节俭? 民族复兴必须在文化上,也就是精神上有复兴的表现,这是当然的,然而必须先使民众在物质生活上有了复兴的希望,至少要在物质基础上有保障,然后才说得上精神上的复兴。抗敌救亡,收复失地的要求,正是为要获得物质的保障,不然,物质上已被敌人奴役了,精神上还有自由么?

　　唯物论不是要抹杀精神,不过是要把物质当做第一位,精神当做第二位。但也并不是轻视精神的作用,精神对于物质的反作用,唯物论也是非常重视的。民众在精神上或思想上对于救亡抗敌的觉悟愈更坚决、愈更广泛,那么物质上的实际的救亡运动就会愈更坚强、愈更宏大。不过,精神上的觉悟,是必须以物质的要求为基础的。当民众的生活已经在敌人的威胁之下的时候,如果还有人想要讲精神文明和忍让的王道,那就不会被民众所接受,这样,精神的要求不能不以物质的要求为根据,而唯物论的真理也就在这里了。

这样说时,对于唯生论的问题也就容易解决了,当生活受到威胁的时候,人们自然要努力求得生存,当民族的生存受到敌人的危害时,民族就要以抗敌救亡的手段来争取民族的生存。如果是站在这样的观点上来看,那么唯生论也未尝没有一部分的真理,甚至也有一部分近于唯物论的真理。因为生的要求,正是一种生物或一个民族的物质要求。如果唯生论能把它的这一方面发展出来,使它成为一种抗敌救亡的理论基础,那对于今日的民族救亡运动,就有很大的利益。

但我们要注意的是,不论民族的生存或个人的生存,也首先要以物质的生存为基础。生活没有保障,就要叫民众讲精神道德,是做不到的。讲精神文明的人常推崇孔孟的道德,然而孔孟说出来的话,有时也会使精神文明家失望。譬如孟子说:"无恒产而有恒心者,唯士为能。"没有恒产(物质保障)而要想有恒心,不是一般民众做得到的,只有士(做官阶级)才可能做到,因为称为士的人,即使没有恒产,也可以摇唇鼓舌,以干政治活动来维持生活。在这些地方,可以看出物质的力量,就是大体上主张观念论的孟子也无意中不能不说出唯物论的真理来了。

唯生论如果要贯彻它的真理性,就不能不把物质放在第一位,把精神放在第二位,如果抛开民众物质生活和民族物质生存的保障(如国土的保障),空谈精神生活、礼义廉耻、清洁卫生,那就会看重了精神,骨子里走进了观念论的圈子里。如果又要谈物质的建设,又要谈精神的道德,两者没有正确的关联,不依着物质生活条件的要求来谈精神文化,这就是使物质和精神平行而不相关联,那就是等于物心并重二元论。如果能把"生"的基础放在物质基础上,那就是和唯物论有了共通点。目前的唯生论,实在有着这三种倾向、三种前途。为民族的生存计,为民众的生活计,为真理的胜利计,我们是希望它加强最后的一种倾向,而走向最后的一种前途的,因为前两方面是它的缺点,最后一方面才是它的优点。

这样,平君的头脑里打架的问题,是不难解决的。在目前,我们确定自己的世界观,是要以民族的物质利益为前提,因为我们最受威胁的就是民族的物质生存。对于任何一派的哲学,我们所抱的态度并不是要绝对打倒或绝对拥护,而是要采取它的有用的一面,而是要发展它对民族物质生存有利的一面,清除它的有毒的一面。对我们自己,能够确立唯物的世界观是正确的,因为这样我们才可以彻底地来拥护民族的物质利益,然而对于别人,我们不必勉强他一定来相信唯物论,只要找出他们的好的一面,督促它,提携它。譬如有人说:"我们唯一的需要是生活,是生存",那我们就可以回答他说:"是的,但我们尤其要先确立物质的生存,和物质的生活!"这样,我们是不但确立着自己的世界观,而且是在实践上把它活用了。

关于"形式逻辑与辩证逻辑"

——答张友仁、瞿鸣皋君等

ZheXue Yu ShengHuo

一

思奇先生：我是《读书生活》的长期读者，对于先生的哲学讲话，尤其爱读。哲学讲话编成单行本出版后，我又买了一本来再读过一遍。我能够懂一点哲学知识不能不感谢先生，因为平素我对于别的哲学书，总是会感到头痛的。自然，我读了哲学讲话以后，并不会就感到充分的满足，正如《读书与出版》的倩之先生所说，这本书的分量很少，又要用通俗的笔调反复详明地解说一切复杂的哲学问题，自然是不容易透彻发挥的。好在这本书已把基础知识给予了我，我可以从此作进一步的研究了。

前两天听朋友说，《研究与批判》第二卷二

期上有好几篇文章,对于《哲学讲话》攻击得很厉害。我平素是不看《研究与批判》的,听见了这消息,我就去买了一本来看,因为《哲学讲话》出版以来,我从各方面所听到的大抵都是同情的声音,有时也见过一点批评,那也是善意的指摘,对于全书的意义都是抱着同情态度的,现在却有人来加以攻击,不是值得注意的事吗?

我把《研究与批判》买来一看,才知道它的编者就是叶青,我才恍然明白为什么他们要攻击《哲学讲话》了,因为《读书生活》曾屡次地批判过叶青的错误啊。

但我终于开始读他们的文章了。攻击《哲学讲话》的文章,在那一本书里竟有了三篇,差不多占去了五分之一的篇幅。他们对于大众所爱读的这部《哲学讲话》,竟是用这样大的火力来进攻,好像一定要把它形容成毫无意义和价值的东西才肯甘心似的。这引起了我一种奇怪的感觉,仿佛闻见了墨索里尼的毒瓦斯的气味一样,我总觉得似乎有点什么恶毒的用意在里面似的。

三篇文章里,态度最坏的是《读哲学讲话以后》一篇,东挑一句,西剔一段,说是艾思奇不懂这样,不懂那样。其余两篇,还比较带一点学术的态度,我不知道先生看见了没有。我觉得先生应该细细地把它看一看,给它一个很好的反攻。

依我的意思,我们应该特别注意叶青的《形式逻辑与辩证逻辑》那一篇。因为这一个问题,是唯物论里的最根本的一个问题。解决了这一个问题时,另外一篇文章里所提出的"内因论与外因论"的问题也就容易解决了。

我自己曾努力地思考了一下,发现叶青在这问题上有几点错误,特为写在下面,请先生来一个详细的指教。

第一,叶青口口声声说他自己没有把形式逻辑和辩证逻辑同等看待,也承认"后者吸收前者,代替前者"。也就是说后者把前者扬弃了、否定了,然而他所理解的扬弃和否定是什么呢?他说扬弃不是简单的抛弃,否定不是简单的否定。这一点似乎是对的,因为扬弃是一方面把消极的东西抛弃了、否定了。一方面又得把积极的东西加以批判和改作,而保留下来,这当然不是简单的抛弃。然而我们要注意的是,叶青说出这句话来,并不表示他有这种正确的理解。他是要把我们引到另一个极端:他把扬弃里的保留,当做了简单的保留,当做无批判的保留。他以为辩证法的扬弃形式论理学,不过是划定一个小范围把它简单地保留起来,并不是批判地包摄在自己的内部。他说:"从前以形式逻辑支配一切研究领域,现在则把它局限在相对的静态中"。这样,我们否定形式逻辑,只能在它的应用范围上否定,而不能否定它的质了。这不是简单的保留是什么? 这不是在本质上承认形式逻辑和辩证法有同等意义了吗?

第二,叶青虽然在口头上承认运动是绝对的,静止是相对的,好像已经没有把静止和运动同等看待了,然而这只是口头上的,实际上他已经把两者同等看待了。他说:"运动是静止的积累,静止是运动的停留,两者相生相成,互为规定。"这就是叶青对于运动和静止的关系的理解:运动不过是静止的积累! 世界上的运动也会停留,两者是互为规定的! 据我所知,静止只是运动的特殊形态,决不是运动的停留,运动也绝不是静止的积累,如果简单地只是静止的积累,那才是根本"不成其为运动",根本把运动解消在静止里了。他说"运动在其时间的经过中不能没有空间的停留",这表明他根本不懂得用辩证法来理解运动。运动的东西,在空间的任何一点上,都是同时停留而同时又不停留的,这是运动的矛盾的统一,没有这矛盾的统一,单只有停留,是怎样积累也不会成为运动的。叶青在这里明明忘记了用矛盾统一律来理解运动,这可以看出他的真面目是什么?

第三,他说:"认识中国经济,显然是静态的研究。因而问题底提出,无疑地是站在形式逻辑底观点上的……"这一点,他明明是对形式论理学让步,好像中国的经济性质问题,定可以用形式逻辑来解决了,这是不会有的事吧。但叶青也说出了很多的理由,粗心的读者总不容易看出他的错误,请你也详细批评一下……

——张友仁君来信

二

关于《哲学讲话》的批评,有很多读者来信问到。因为批评是从各方面来的,意见也各式各样,也有同情的,也有不同情的,也有善意的指摘,也有恶意的攻讦。我想另外做一篇文章,做一个总的答复,顺便也来一个自我批评,作为该书第四版的自序。在这里,单单对于张、瞿两君所要求解答的形式逻辑与辩证逻辑的问题来讨论一下。这一方面是因为,正如张君所说,这问题是最根本的问题,另一方面也因为叶青在这问题上是用专文来和我论难,所以我也用专文回答他。

我们也同样从形式逻辑和辩证逻辑的根本定律说起。在形式逻辑的三个定律(同一律、矛盾律和拒中律)里最根本的是同一律,其余两个可以说是从同一律引申出来的,所以,为要节省篇幅,我们不妨单举出同一律来说。它的公式是,A 是 A。意思就是说:"一件东西是和它的本身同一的。"

辩证法的公式,据叶青说是"在 A 是 A 之外,同时又主张 A

不是A"。我们可以说简单点,即:A是A,同时又不是A。这是和形式逻辑的同一律相反的,它的意思就是说:"一件东西是同时和它本身同一,而同时又不同一。"

就在这两个公式里,我们已经可以看出形式逻辑和辩证法的关系来了。即在辩证法,是要同时看出一件东西本身里的同一和不同一。而在形式逻辑,却只看见了"同一"这一面。辩证法不仅只看见这一面,因此它能够把形式逻辑包摄、"吸收"、扬弃;形式逻辑所看不到的,辩证法能够看到,形式逻辑已看见的东西,辩证法不但看见,而且加以改造、加以深化。

以上所说的一切,似乎和叶青并没有什么不同,似乎也是叶青说过的。但是,让我们更具体地来研究一下,就可以知道口口声声说别人"根本不懂辩证法"的叶青,他自己究竟懂得多少?

首先,我们要注意辩证法是怎样"吸收"形式逻辑。辩证法吸收形式逻辑,是要经过消化,经过改作,溶化成自己的血肉的,不是简单地把它请进自己的房子里来,划给它一个地盘,就以为这是把它高扬了。曲解辩证法的人,常常把"A是A,同时又不是A"机械地拆散成两个形式逻辑的命题,以为只要一方面承认A是A,另一方面又承认A不是A,就算是辩证法了,他们不知道,这两个命题的关系,并不是"一方面"和"另一方面",而是"同时",是互相渗透,两个命题是整个的统一,不是机械的结合,所以也不能那样机械地拆散。然而他们把它拆散了,结果就把辩证法理解成折衷主义,在表面上,他们也会播弄辩证法的言词,承认要"以辩证法为向导来行理论的思维",而在实质上,他们的辩证法,只是许多形式逻辑命题的折衷的结合。表面上好像是运用辩证法来扬弃形式逻辑,实质上却把辩证法解消在形式逻辑里。

辩证法的扬弃形式逻辑,固然不是单单的抛弃,它是同时把形式逻辑里的积极的东西吸收了的。但这吸收正如张君所说,也并不是单单的保留。而拆衷主义却全把我们引到这一个极端。它说:形式逻辑在辩证法里仍有着地盘的,不过范围缩小了一点,在全体上看,是辩证法领导着,"统摄"着,而就一部分看来,仍十足地支配着形式论理学。叶青的辩证法,就是这种折衷主义的曲解的一例。

例如就归纳法和演绎法来说,叶青也承认这两种方法是建立在形式论理学上,并且要给辩证法扬弃了的。"辩证法统摄了演绎法和归纳法",他说,然而他所谓的统摄,是怎样统摄的呢?"我们也可以在应用中范畴地看待演绎法、归纳法、辩证法,而为它研究过程中之适当的场合"。这意思自然是说,整个的研究虽然是辩证法的,然而在过程中的各个场合,有时就要用归纳法,有时就要用演绎法,这些方法结合起来,就成为整个的辩证法研究过程。

我们知道,归纳法是要从许多复杂的个别事物中找出它们一般的单纯的共通点,它采取的路径是分析。演绎法是用一般的原理来说明特殊的事物,它的路径和归纳法相反,是综合。归纳法是从特殊到一般,从具体到抽象;演绎法却相反,是从一般到特殊,从抽象到具体。如果照叶青所说:我们"用辩证法于研究,斯演绎法和归纳法就在其中",而归纳法和演绎法在辩证法的整个研究过程里又是各有适当的场合的,那么,整个的辩证法,就不过是这里一个演绎法,加上那里一个归纳法,这样机械地折衷地结合起来的罢了。

叶青也许会说,就是用辩证法研究事物,也仍是要从许多具体的个别事物开始,走向一般法则的发见,再从一般法则,应用到个别的具体事物上去。在前一段过程,就是归纳法适当的场合,后一段过程则是属于演绎法。其实这是错误的。在辩证法里,从个别到一般的这段过程上,虽然也用到普通归纳法里的观察、比较、分析等方法,然而只是作为一个要素应用它。除非不要辩证法,不然,就在这从个别到一般的上升阶段里,也得要贯彻着辩证法的方法,而不能把归纳法囫囵不化的摆在这里。归纳法在这里只走着分析的路径,只从复杂多样的事物里抽出简单的一面的规定。辩证法在这里却不单只分析,同时也在综合,不单抽出简单的一面的规定,并且要找出全面的矛盾统一的规·定。再就从一般到个别的研究过程来说,依照叶青的话,那么,这过程应该是属于演绎法的适当的场合,只走着综合的路径,只把一般的法则应用到个别的事物上,综合到个别事物上就行了。其实在这里也得要贯彻辩证法,辩证法在这里不单只是应用法则,不单只要综合,在应用和综合的同时,还要就那个别事物所具有的具体条件加以分析,发见出新的特殊的矛盾动向。这样,不论从个别到一般,或从一般到个别,我们的方法根本都是辩证法的。归纳法和演绎法只各自作为研究过程中的要素而被应用,它不能离开另一要素而独立存在,它虽然并不是简单地被抛弃,但也不是简单地被保留,而是被吸收、被消化、被改作。因为辩证法本身是整个的辩证法,而并不是归纳法和演绎法拼凑成的。

叶青的这种辩证法的曲解在他解释动态和静态的关系上,也可以看出。他虽然在口头上承认运动的绝对性和静止的相对性,而在实质上他已经把运动和静止同等看待:"两者相生相成,互为规定。"他全然不懂得绝对是什么意义,相对又是什么意义。正如张君所说,静止只是运动的特殊形态,静止的东西,本质上仍是运动的。譬如事物在量变的过程中，它的性质不变，这时，在性质方面，我们可以说它是相对静止的，然而在量的方面，它始终是在运动。石头在表面上不变不动，然而他的内部仍不断地进行着量变（虽然很缓慢）的过程。封建社会的变化常常很迟滞，但你不能说它没有变化。因为相对的静态根本上仍是动态的一种表现，所以对于相对的静态，我们也仍然要用辩证法去研究，才能够看得很深刻。我们并不是说用形式逻辑研究会全无所得，但形式逻辑只能看见静止的一面，并且会夸大了这一面，而忘记了根本的动态。既然有了辩证法，能够为我们抓着全面（形式逻辑的一面也包摄在内），那我们就不必仍然要用形式论理学来把握它了。像叶青那样，以为相对的静态可以单靠着形式逻辑来完全把握着，以为在这里还应该永远保留形式逻辑的地盘，这不是一个极其庸俗的曲解吗？

我并没有说过扬弃就是简单的抛弃，我对于这问题并没有写过一个"是"字，而叶青却用这一个字来向我栽诬。我不过是说，辩证法吸收形式论理学，并不是简单的保留，而要加以改作、消化，经过改作和消化而吸收以后，它已成了最高的方法，自然就不能再另外给形式逻辑辟独占的地盘了。如果再给它辟了独立的地盘，不论你口上怎样说，不论你怎样声明自己并没有把形式逻辑和辩证法同等看待，但两下的地盘既是不能互相侵犯的，这在实际上已经是对等的关系，已经是同等看待了，言词是不能长久掩饰铁的事实啊。你说人是浅尝者和曲解者，且先问你对于别人的话深尝了没有，且先问你对于辩证法和折衷主义的分别懂得了没有？

这折衷主义的曲解，在他论到中国经济性质研究的问题时，更是一个很好的暴露。他以为"认识中国经济底性质，显然是静态的研究。因而问题的提出,无疑地是站在形式论理学上的"。叶青的意思,是认为中国社会发展的研究,才是动态的研究,才是辩证法的问题。而"形态、性质、关系等"的研究,却是静态的研究。这是多么明显的折衷!其实,性质、关系等的问题,是发展的问题的起点,没有这起点,也就没有发展,叶青自己也说:"要把经济认识了,才知道中国这个社会在什么进化阶段,需要什么革命。"对于这起点,我们虽然不能把它看做发展的本身,但如果是忠于辩证法的话,我们至少要在里面看出发展的原动力,看出种种具体的矛盾。这也就不是形式逻辑能够把握得到的了。自然,如果你一定要站在形式逻辑上来提起这问题,那当然随你的便,不过这样一来,你就只能看见一面,或者成为公式主义。这就是说,你得要用演绎法,先抱定了一个一般的公式,然后看中国经济是什么性质,然后依着这公式去决定中国的需要,譬如说,封建社会需要资本主义革命,这是一般的公式,你的研究答复说中国的经济是封建经济,于是你就说中国是要资本主义的革命,建立资本主义社会。这样的演绎,在形式逻辑上自然是很通的,然而中国社会的具体条件,是不是能够依从这公式呢?这你的演绎就管不到了,然而中国社会并不能完全依从你的公式的推演,中国虽然是封建社会,然而它的具体条件并不允许它依然走上西欧式的资本主义革命,也不容许建立起资本主义社会。这一切,都不是形式逻辑的推演法可以看出的,而必得要辩证法来研究才行。忠于辩证法的人,在中国经济的认识上也得要贯彻辩证法,不能在这里又替它划一块地盘,给空洞的公式主义有插足的余地。(叶青所推崇的普列哈诺夫,也正是因为这样而犯了公式主义的错误。)

我根本不认识严灵峰,也没有看过他的东西,但如果他认为中国经济性质的问题仅仅能在形式逻辑上提出,那我根本反对他。这问题其实也可以站在辩证法上来提出,只要你忠于辩证法。叶青还在那里批评严灵峰,其实在否定中国经济问题可以用辩证法提出这一点上,他是和严灵峰一致的,他受了严灵峰的影响还不自知,严灵峰这位"中国老师",实际上是给他自己保留着了!

此外还有零碎的几点要说的:

第一,他说运动是静止的积累,静止是运动的停留,这正如张君所说,不但是把静止和运动折衷地结合,甚至于是把运动解消在静止里?这种理论,两千年前希腊的诡辩论者早已发过了。他们把运动看做空间中的无数停留点的总和,于是就结论说只有无数停留点,而没有运动,这种诡辩论,不料竟在"20 世纪"的叶青嘴里还魂,真令人要"叹观止"了!

第二,"青年是店员"这个命题,在形式逻辑里也常常有,而且非有不可,如果严格地依照同一律,只能说"青年是青年"时,那形式论理学也就根本建立不起来了。我说"青年是店员"里有矛盾,是要指出形式逻辑本身也不能严守同一律。形式论理学者运用这命题时,当然没有想到里面有着矛盾,因此这命题当然不是矛盾统一律的应用,但我们仍不能否认这一类的命题在本质上已包含着矛盾的统一。伊里奇在《哲学笔记》里也说:"就是一个简单的判断,也是矛盾的统一。例如'伊万是人'这一个命题里就有着'特殊等于一般'的意味"。这一点,不知道叶青"懂得"否?

第三,差别的东西,当然不是矛盾,所以笔、墨、椅子之类不是矛盾,但如果是真"懂得"辩证法,"懂得"推移和变化的原理的话,就应该知道差别的东西在一定的条件下也可以转化为矛盾,倘若这两件差别的东西是同时同地在一起而且发生互相排斥的作用的话。譬如店员和作家,这是差别的风马牛不相及的两件东西,但如果一个身为店员的,对于写作很有兴趣,不满于店员的现状生活而努力想成为作家时,这时作家和店员两个东西就在统一体里互相排斥了。你能说这不是矛盾吗?你能说这样一个店员不是感到了生活的矛盾吗?如果你一定死咬着善与恶、男与女等等才算矛盾,其他就不能转化为矛盾,这种形式主义的划分法,和张东荪的划分"相反、矛盾、对待"等等的举动有什么分别?这会是"懂得"辩证法的人的思想吗?

第四,"青年是店员"在形式论理学里只适合于排中律的公式"A 是 A",这谁不懂。但我的着眼点,是在指出:就是形式逻辑的命题,在根本上也可以找出辩证法的作用,也可以"在动的逻辑的管辖之下"。并不是要给排中律和矛盾统一律分类。"A 是 B 或非 B"的公式,其实已包含着这样矛盾:即,"A 不是 A 而是 B"或"B 可以是 B 也可以是非 B"了,就是黑格尔也早已这样批判过的。但在叶青也许不容易懂。因为他始终只知道用形式逻辑的头脑作死板的分类,而不知道推移和转化啊。

最后,关于外因论和内因论的问题,我得要略说几句,叶青口口声声说艾思奇"排斥外因","否定外因",这完全是瞎说栽诬。我自己已经指出来过:"谈到事物的必然性,若忽视了外因,是不对的",这是他也举出来了的。我的意思只是:外因虽不可忽视,却不能决定事物的必然性,决定必然性的是内因。在这一点把两者分一个高下。叶青说辩证法必须承认交互作用,所以内因与外因必须有交互作用。然而你可知道说到交互作用,也有机械的交互作用和辩证的交互作用的分别,机械的交互作用是对等的,两方没有高下的,这种交互作用只能形成叶青式的折衷主义,但在辩证法的交互作用里,两方面却有第一义和第二义的分别。在内因和外因的交互作用里,辩证法是要强调内因的第一义的决定的作用。所谓内部作用的原因才算做必然的原因",就是在这种意味上说的。叶青向我发出了几个问题:"机械需要外部的动力,是不是事实,水遇外部的热,则化为汽,是不是事实,生物的进化由于环境,是不是事实?"我当然答复"是",当不会简单地加以否定。然而承认了这些事实,并不就等于承认外因能决定必然性。若你问:"动力使机械运动,是不是必然的?热使水化为汽,是不是必然的?"我当然也可以说是,然而如果你再问:"那么这种'必然'的决定者,不正是动力、热等等吗?"那我却可以答一声"否"!为什么可以说"否"?因为,就是叶青自己也不能不承认:"外因必须依靠内因才能成其为外因,若是机械没有能动性,动力就不能成为机械的动力,水没有汽化的性质,热就成为水的热,也不能有汽出的。"

关于内因论与外因论

——答韦尚白君

ZheXue Yu ShengHuo

一

思奇先生:读完了四卷二期读书问答里的
"关于形式逻辑与辩证逻辑",使我恍然了悟到
很多东西。从这一篇问答里,我才开始明白叶
青对于辩证法的理解原来是一种折衷主义的曲
解,我才开始明白为什么你和其他许多研究哲
学的人们要反驳这一个"新物质论者",同时我
也才明白同是标榜新哲学的人们中,原来也有
冒牌货的发卖者,处在购买者地位的我们读者,
真不能不小心啊。

这一篇问答使我非常高兴,同时也使我觉
得不满足。不是吗?叶青们的刊物上写了三篇
文章攻击你们,而你们只写了这么一篇问答去

驳他。我们是在等着你们对于他们所提出的每一问题都有一个详尽的批判,而你们只批判了形式逻辑和辩证法这一个问题,固然,这一问题是哲学上最根本的问题,是不能放松的,但"内因论与外因论"的问题难道又不是重要的问题?你们就可以轻描淡写地说几句就算了吗?要知道,你们没有一个很好的解说时,我们的疑团就始终不能打破,虽然由一篇文章类推起来,也可以想象到其余,然而单单的想象,而没有详细知道,那是不够的。

我现在要求你们再把"外因论和内因论"的问题详细解说一下。对于这一问题,你们在四卷二期上完全没有给叶青一点批评,只指出了他对你们诬蔑的一点,替自己辩护了一下就完事。不错,你们也并没有抛弃了外因而单单主张内因,只不过是把内因当做最根本的东西,决定必然性的东西。叶青却说你们是只看见内因而抛弃了外因,这种诬蔑的批评法,单单就他自己的文章看来,自然觉得好像很能"自圆其说",而其实却是不顾真理的糊涂批评。

但单单指出他们诬蔑,是不够的,这只是说明了他的批评态度不对,还没有指出他的理论的错误。究竟叶青在"内因论和外因论"这一个问题上,是否也如在"形式逻辑与辩证法"的问题上一样地陷入了折衷主义的错误呢?抑或是还有其他的错误呢?这一点在你们没有加以指摘的时候,我们是看不出来的。那么,你们就能够这样放下去不管了么?

不,你们不指出来,我们不但看不出,并且觉得他好像就没有错误。试举一个例子吧。他在"外因论与内因论"那文章里,自己问道:"在外因论与内因论底统一中,孰为本质?"同时他就答道:"这,我觉得是内因论。事物本身没有内在矛盾,外因无如之何。而且互交作用的杂多,来自一元。所以一元的内在矛盾是发展的原因,外因乃是助力。因此外因论与内因论的统一,乃是以内因论吸收外因论。"从这一段话看来,叶青的意见和你的有什么分别呢? 你说:"谈到事物的必然性,若忽视了一切外来原因的影响,是不对的,但事物的内部的原因才算做必然的原因。外部的原因虽然对于这事物常有重要的影响,但始终不能决定这事物的必然性。"叶青所说的"一元的内在矛盾是发展的原因"。和你们所谓"决定必然性的"是内因,两者中间不是全无分别吗? 如果你的意思不是受到他的诬蔑而赤裸裸地呈现出来的话,不是和他的意思一样的吗? 如果你的意见不错的话,那他的见解又有什么错误呢?

我还要告诉你一件事,在《研究与批判》第一卷第八期里,叶青还有一篇《反读经论中的问题》,也是谈到了内因和外因的问题的。这篇文章是针对着《读书问答》、《读经吗读外国书吗》而来。这事好像你还没有注意到。你的《知识的应用》出版后,我才知道这一篇问答也是你写的。那么,这一篇文章我想你也应该看一看,把它合起来做一个总的答复。不知道你以为怎样,我希望你不要随便放过。

——韦尚白上

二

关于内因论和外因论的问题,我们并没有放过的意思。在本刊四卷二期发表《关于形式逻辑和辩证逻辑》的时候,本来就想再做一篇内因论和外因论的文章同时发表。但因为事务繁忙,并且还有别的更重要的文章等待着我们做,所以就暂时放下。这一放下倒也好,因为这使得我们有了接到韦君的来信的机会,使我们从韦君的信里,知道《研究与批判》上还有另一篇文章,可以做我们更好的批判资料。

那一篇文章(指韦君所举的《反读经论中的问题》)确实很可以注意。在那里叶青把他自己的主张暴露得很明白,并且也讲得好像很有理由,理论修养不够的读者,是很容易受骗的。第一,他在那文章里,坚持着他的外烁论,即认为中国的历史发展是全然由于外来的原因。他也承认:"一切事物底发展都是合规律的","都是由事物的本身内部的原因或内部的矛盾促成的",他也承认这是一个"最高原则"而且说"最高原则是一般的"。然而转一个弯,他又用"一般之中有特殊"的理由,就主张在"某些国家"的发展问题上可以抛弃了这最高原则,于是乎他已经承认了的"一般的""最高原则",也就只能适用到欧美先进国家(也就是几个特殊的国家)上去,而不能适用到中国来了。其次,他坚持着说中国的发展是"不合规律"的,"欧洲史是合规律的……中国则不然……""外烁论"和"不合规律论",是叶青对中国历史问题的主张。至于他的理由,当然很冠冕堂皇。他引用了1848年《共产党宣言》上的话,证明他的外烁论和"不合规律"论是现代社会科学的创始者也赞同的,那宣言上的一段话是:

"(欧洲)市民以生产工具和交通方法底迅速发展,直到把野蛮的民族牵引进文明底过程之中。他底廉价生产品就是洞穿中国一切城垣而使最顽强地敌视外国人的蛮子投降的大炮。他用死底惩罚强迫各民族采用市民的生产方式;他强迫他们输入所谓文明于他们底国里,这就是说变成市民。一句话,他照他的模样铸造世界。……"

这一段话,自然是好像很赞同他的外烁论的。并且他口口声声讲要尊重事实,"物质论告诉我们的是尊重客观事实","如果事实上外因重于内因,则以研究外因为主"。这又证明他的中国历史的"外烁"论和"不合规律"论,是注重客观事实的结果。

这样一来,叶青的理论不是很对的吗?

三

不,不对！虽然他的立论是多么巧妙,但我们只要小心地去寻找,就可以找出他的错误的地方。

在这一个问题上,他还是贯彻着他那折衷主义的方法论。我们在四卷二期上已经指出,他在表面上虽然标榜着辩证法,而认为辩证法已吸收了形式逻辑,但他所谓的吸收,只是简单的保存,所以事实上是把两者同等看待。在外因论和内因论的问题上也是一样。辩证法是把内因看做一切事物发展的根本动力的。辩证法对于外因虽然并不忽视,但认为内因是基础,是本质,是发展的必然性的决定的原因。如果他至少要在表面上标榜辩证法的话,他就不能不承认这一点。所以,正如韦君所举的一样,叶青也不能不说内因是"本质的"、"事物本身没有内在矛盾,外因无如之何……外因乃是助力。"然而,我们要知道,他的这种承认,始终只是一个标榜,就像在形式逻辑的辩证法的问题里,他在承认辩证法之后,转一个弯又说辩证法不能适用在静态研究上一样,在这一个问题,他也只承认了内因论的本质性的一个幌子,转一个弯又说在某些国家的发展里不能用内因说明。

我们要知道,如果我们是忠于辩证法,如果我们承认辩证法之最高的一般原则,如果我们不是用折衷主义来曲解辩证法的话,那我们不论在动态或静态(相对的)的研究里,都要贯彻辩证法,不能在"某些场合"又抛弃了辩证法。因为辩证法是一般的法则,不是特殊的,只适用在所谓的"动态"里的东西。固然,辩证法是吸收和扬弃了形式逻辑的结果,然而是消化了的吸收,是作为材料而吸收,不是整个的保留下来。叶青就是把吸收理解作单纯的保留,结果自然要产生他的折衷主义。这请读者看四卷二期,此处不多说了。在内因论和外因论上也是一样,如果我们已承认内因是本质的,"没有内在的矛盾,外因无如之何",如果我们承认了这是一般的最高原则的话,我们就不能说在某些特殊场合又以外因为本质。固然,"一般之中有特殊",但这里要注意的是"之中",而不是"之外"。这就是说,一般的东西,常常要以特殊的形式表现出来,世界上绝没有单纯的作为一般的存在物。因此,所谓"一般之中有特殊",是指用特殊的形态表现出来的一般的东西,而不是指那独立在一般之外的特殊。一般和特殊也是一个辩证法的统一,没有单纯的一般,同时也没有在一般之外的单纯的特殊物。辩证法不是诡辩论,诡辩论才会在承认一般的东西之后,转一个弯又用特殊的东西来把它否定了。辩证法是要把握两者间的统一。叶青由于这样的一种诡辩的手腕,在中国的问题上否定了内因的一般的本质性,这样来成就他的折衷主义,这样来辩护他的"中国老师"(叶青用过的话)任曙、严灵峰们的外烁论。

四

但是,叶青不是说过,唯物论要尊重事实吗?他的意见不是根据着中国的近一百几十年来的事实的吗?鸦片战争以后中国历史的事实不是表示帝国主义的外力对于中国有莫大的力量吗?在这里不是"外因重于内因"吗?并且他的话不是还有上面所举的《共产党宣言》的话做证据的吗?

在这里，我们要指出，尊重事实，固然是唯物论的一个条件，但辩证法唯物论的要求，并不仅仅是尊重事实就满足的。因为机械唯物论者或经验论者也要尊重事实，实用主义者的胡适也主张要尊重事实。辩证法唯物论如果仅仅是尊重事实，那它和这些庸俗的理论有什么不同？辩证法唯物论的特点；不在于尊重事实，而在于能抓着事实的核心，能把握事实发展的内在规律性。辩证法要尊重的是事实的本质，而不是事实的表面。尊重表面事实的，是认识的初步阶段，是科学的初期阶段，十七八世纪的机械唯物论和机械的科学思想，就是这样的。我们不否认表面的事实也可以给我们一些认识，十七八世纪的机械力学曾提供了许多真理，就是胡适的实用主义，（只要他能贯彻他的主义）也比一般专门以粉饰太平的空论家更能多看到一些东西，也还能够相当地暴露敌人的侵略和绝对不抵抗的错误。然而单单这些，是不够的。单单看见敌人的侵略而看不见侵略的本质，单单看见不抵抗的错误，而看不见民众抵抗的前途，这种匍行的只看见眼前事实的"尊重"，是与唯物辩证法全然不同的。是的，机械的运动，只由于外力，这是事实，然而这只是表面的事实，在本质上，外力之所以能使那机械运动，还是因为机械本身有运动的可能性。用手把小石头推动，是由于小石头可以动的缘故，如果去推墙，就不行了。这是我们的文章屡次说过，甚至于连叶青自己也不能不承认的。叶青所谓的机械论时代的科学，只注意外力的研究，那是因为当时科学还在初步阶段，不能渗透到运动的本质去的时候。科学进到了高级的阶段，像现在相对论的出现，使得我们就是对机械的运动也必得要用内因来说明了。譬如天体的运动，在牛顿时代的外力（即用"引力"）说明，而相对论却用运动本身的性质来说明。叶青要注重"外力"

这一种片面的事实,那只有叫力学停止在牛顿的阶段才行!

怎样抓住事实的核心?那在辩证法上就是:一方面要研究事实,同时也要依着理论的指导。无论在什么事实上,我们都不能抛开了理论的最高原则。我们要看出理论的一般法则在事实里是怎样有它的特殊的表现。我们不能跟着叶青的理论,只执著事实的一面,就把理论的原则忘记了。中国近代历史的发展,外力有很大的作用,这是不能否认的事实,然而不能就因此说:中国的发展全然没有内在的规律性,因为外力是事实的一面,在这外力的影响之下所进行着的内部的发展,也不能说不是事实的一面,叶青只看见了一面,立刻就诡辩地抛弃了另一面,这做一个庸俗的"物质论者"倒可以,要说这是真正彻底的(即辩证法的)唯物论,那却离得很远!

我们再说《共产党宣言》上的话。这里我们要指出,对于过去的文献,我们应该抓住它的真义,不能断章摘句地依着自己的意思来曲解。卡尔的话,是就整个世界资本主义的发展而言的,他的意思,是指资本主义的发展,将冲破一切的国界,而把全世界一切国家形成一个整个的体系。这是资本主义的发展一般动向。这动向虽然在一切国家都不能例外,但各个国家究竟怎样具体地合流到这一般的动向里去呢?那实在要依着各国的自身内部矛盾而有着不同的特殊表现的。这一点,卡尔的《共产党宣言》不曾提到,因为《共产党宣言》的任务本来只能论到一般的倾向。为什么资本主义到美洲,就把印第安人灭种?为什么到了日本,却使日本也形成了一个资本主义国家!为什么到了中国,又只能把中国造成了半殖民地半封建社会!这一切问题,不是单单的"照他底模型铸造世界"一句话可以完全解释清楚的。我们要说明这些问题,要说明中国历史发展的问题,就得以中国社会内部的矛盾作基础,研究这些外力是怎样通过这些内部矛盾而发生影响,研究中国在这些外力的影响刺激之下是怎样发生自己的矛盾和运动。在这里,外力的"事实"虽然要"注重",然而同时却不可轻视内因,不,仍然是要以内因作基础,仍然是要贯彻辩证法上的以内因为基础的内外统一论,仍然不可就此抛弃了社会科学的理论原则而陷入十七八世纪的机械论。

叶青虽然到处在引用"文献",却到处在曲解了文献的精神。把《共产党宣言》上的关于资本主义发展的一般动向的文句,当做中国的特殊表现的充足的说明。叶青自己虽然说到"一般之中有特殊",其实在这时他才是全然不懂得特殊的表现的真义。

太多了,但说得不充分的地方一定还有,希望读者诸君踊跃地质问,好让我们有机会再加以补充。

真理的问题

——答朱庸君

　　动的逻辑——辩证法的认识论——的矛盾统一律证实了形式论理学的同一律的谬误，也就是说："是的就永远是，不是就永远不是，绝不会同时是而同时又包含着不是的"的形式论理学已无存在可能的，相反地，"矛盾中之统一"的动的论理学已成为每一部站立在唯物辩证法观点上的哲学书所提及。

　　那么站在"矛盾统一律"的范畴去对每件事物加以"认识"的时候，无疑地，真理的获取也成了我们认识论上是否可能的一大疑问。在我认为是真理，在你可以完全认为虚妄。也正如草树皮在饥寒交迫的灾民看比观音土好吃得多，在富人们吃来简直要恶心。虽然，哲学上告诉我们，我们绝不能完全把握着绝对真理，可是我们却能取得相对的真理（只有这相对真理不断地发展，进步才能接近绝对真理，而且我们一定要去把握着这相对真理），不然将陷入对现实抱定一切皆空的概念，与佛教一样的哲学去追求来世。那么我们怎样从这矛盾的认识中去获得相对真理呢？"只有能够反映出客观事物的真理来的见解才是真理"，这是我们无可否认的。但人们的地位、立场的差异，各人有各人的见解，而这见解不一定是真理，那么谁的见解才是真理呢？在哲学讲话里这样回答："……社会上的真理常常由被压迫者把握着……要把握真理，就算要站在前进的实践的立场上，站在打破现状的被压迫者的立场，只有这样，我们所认识到的一切才能够与客观世界一致……"（圈点是引证者加的）

这样的解答，我觉得不能使我们去把握真理的正确的概念，同时将使我们无从去把握。

真理确是由被压迫者把握着么？这只能去说明片面的事件，却不能解释一般的情形。在当今的苏联说来，白俄是被压迫者。那么社会的真理是为白俄把握着了？现今中国社会的真理是为帝国主义压迫的民族资本家把握着了？广义地说，社会上被压迫阶层不是单纯的一个，同样地，要打破现状的也不仅只是单纯的某一层的群，那么这真理又是谁把握着呢？一定要站在打破现状的立场才是真理，那么我们必得反对今日的苏联和主张和平外交的现状才算把握着真理！假如对真理的把握是这样的看法，那么我们要获取相当真理的"一点"也近乎是不可能的了！可是我们却不能不去把握真理，也只有这真理才能使我们在不断地进展中来把握绝对真理，不然，我们的认识也告枯尽，而人类的认识也将永不再进步了。

——朱庸问

朱庸君反对哲学讲话上所说的:"只有站在被压迫的打破现状的立场上才能把握真理"。他的反对并不是由理论的分析下来反对,而是举出了白俄和和平政策的两件事实,想把它作为反证。

因此,我们现在不再谈《哲学讲话》为什么要那样主张的理由,因为《哲学讲话》本身已说得很多了。我们只研究一下朱君所举的两个事实。白俄是不是被压迫者,如果真是被压迫者,那《哲学讲话》就错了,如果不是,那就证明是朱君的误解。

研究社会科学的人,都知道社会上的所谓压迫与被压迫,是以经济上的榨取和被榨取为根据的。试问现在苏联对于白俄的关系,是不是榨取和被榨取的关系,谁也知道不是!恰恰相反,白俄现在是联合着世界的榨取者(帝国主义)者,向苏联进攻,企图恢复它们过去的压迫者的地位。日苏冲突中的白俄的作用,不是很好的例子吧?这样苏联排斥白俄,并不是由于要榨取它们,压迫它们,反而是受了它们的压迫,不得不采取战略上的进攻。

这样,第一个事例证很明白地解决了。

其次再说和平政策的例子。朱君以为如果主张打破现状,就苏联来说,就是要反对和平外交的现状。在这里,我们又得要研究"打破现状"的真义是什么。就今日社会发展过程来谈。打破现状就是要使社会前进,而"不打破现状",就是要维持垂死的现社会关系。苏联是时时刻刻努力于打破现状的。自从1917年以来,它经过了几次的改造和前进,它经过了战时公经济时期、复兴期[新经济政策时期、改造期(第一次五年计划)],现在是进入社会主义时期了。它现在还在不断地改造自己,以后也要不断地改造。帝国主义国家却相反,不但不愿意使社会前进,并且为了维持现社会关系,不惜开倒车,制造战争,屠杀民众,因为帝国主义要用战争来维持现状,所以和平政策不但不是帮忙它们维持现状;相反地,和平政策的意义,正是要对于帝国主义者用战争来维持现状的行为加以反对。尤其是对于它们进攻苏联的企图加以反对。所以,和平政策所要保持的,并不是顽固的垂死的帝国主义,而是一切被压迫民众的生命和为打破现状而努力的苏联,和平政策在形式上是和平的,但在本质上内容上却是前进的积极的。

明白这一点第二个问题也就自然迎刃而解了。

认识论上的问题

——答黄绍祖君

思奇先生:读完了先生所著的《哲学讲话》和《新哲学论集》,觉得它们真是能适合大众需要的好书,因为它们不但使我明了了许多以前读着那些又厚又深奥的哲学书时想了解而又不能了解的问题,同时更增添了我不少作更进一步研究的兴趣和毅力。但在这两本书里,还有好几处觉得不十分明了,因此特地写这信给先生,希望先生能给我一个完满的答复。

在哲学讲话里,关于理性认识和感性认识的问题,先生很清楚的告诉我们:单单感性的认识是不够的。因为感性认识本身只能做到像照相机那样,摄取一些表面的形象而已。先生并拿卓别麟和希特勒的分别,以及卓别麟和其他滑稽大王(罗克等)的关系,举例说明感性认识的靠不住,而结论到以理性去认识的必要,但我把以上几个例子细细的分析了一下,觉得里面似乎并没有理性的认识存在着。存在的还只是感性认识本身,至多也只是感性认识的扩充认识,或者说是几个感性认识的结合。譬如说,卓别麟和希特勒有着同样的小胡子,但我们即容易的就能判别出一个是著名的滑稽电影明星,一个是德国的独裁者,这原因是:因为小胡子并不代表整个的卓别麟和希特勒,除了小胡子以外,卓别麟有着卓别麟自己的形象和服装,希特勒也有着他自己的形象和服装。而我们感觉器官接触到这两副不同的形象和服装,自然就能加以判别了。假使我们单单把他们两撮小胡子置在一起,那也许就不能判别这是属于卓别麟的还是属于希特勒的了。这里我们可以说理性并没有认识出感性所不能的事物。同时可以解释我们之所以能判别卓别麟和希特勒之不同,还是由于对他们个别的感性认识的结合。同样的,我们之所以能在卓别麟、罗克、哈台……中间找出一个滑稽大王的概念来,也还是由于这种感性认识之结合(其实应该说是融化)。因此,仅看过卓别麟的戏而从未看过罗克、哈台等的戏的,绝不能在他们中间找出一个滑稽大王的概念来。

再则在"胡桃一定有肉"的例子里,先生解释它又是理性的认识。但先生也承认它是"根据过去的常识",可是"过去的常识"是什么?这种常识又是靠着什么一种力量而获得的?我们若能仔细想一想,很快的就能知道这种常识的获得,还是靠着感性的认识。试问一个从来未见过胡桃的人,除了瞎猜外,他能想象到胡桃里是有肉的吗?

并且假使肯定理性的认识的存在,那么就承认思维可以脱离感觉和经验,换句话说,也就是企图从独立的先生的理性里去寻求真理的标准,这样掩蔽了客观世界的现实性,不是有流入观念论的危险么?

在先生批评形式论理学的三个定律时,指出了形式论理学内部绝不能容受矛盾的错误。譬如说:青年就是青年,那青年就不能是店员。这若在同一律或矛盾律的表面上看,也许很有理由。但其实这是有着不同的意义的。就 A 等于 A 说,则这样 A 仅代表一定的值,我们举个浅显的数学的例说,假使我们设定一个 Q 的值等于 1,那么在 2X+1 的方程式,他的值就和 X+2、3X、4X-1 以及还有许多含有同值的方程式相等。形式论理学的同一律并不曾反对这里的 2X+1 是等于 4X-1 的,也并不说 2X+1 既等于 4X-1,那就不能再等于 4X-2 或 3X 了。同样的,它也承认青年是可能被称为店员的。不但如此,假使这青年本身是一个作家,那他还同样的有权利被称为店员而同时又是作家。有一点应该注意的,是形式论理学的所谓"青年不等于店员",是说青年的概念并不相等于店员的概念,并不说一个人是青年,就不能再是店员了。我并非是拥护形式论理学,它确有许多缺陷而为新哲学家所批判而不取的,但因此就处处在字面上用功夫,那也许又有流入机械主义的危险了。

此外在新哲学论集里,关于概念也有几个简短的问题,这里就恳请先生一并答复。

(一)概念愈高,存在的可能性究竟愈高抑愈低? 先生在《抽象作用与辩证法》一文里,虽则已反面的肯定,但一匹白马的存在,是否会较一匹白而又病的马的存在的可能性还小?

(二)概念愈高,内容的规定愈丰富抑愈贫弱? 这儿我所希望的,是知道马的概念是否已能包括大马小马、强马弱马、白马黑马种种中的大的小的强的弱的白的黑的内容?

（三）对于概念的认识，是理性的认识，感性的认识，还是直觉的认识？问了好多问题，定会费先生不少的宝贵时间来解答。但先生能想到因着自己的辛劳而使一个青年（也许是很多青年）获得更准确更高级的知识时，那先生一定是乐于接受的。

恳切的希望你的指导，希望能在读书生活上公开答复。

——黄绍祖上

读完黄君的信，使我深深地感觉到这里有一位能够精细地分析问题的读者，这是我非常欣幸的。在这样的读者之前，一个作者的写作里所能有的缺点，都可以因他的发问而暴露出来，同时也可以给自己与修正的机会，我很高兴答复这样一位读者的质问。

关于感性认识和理性认识，所以会使黄君发出疑问，正是由于《哲学讲话》的一个缺点：《哲学讲话》里对于感性认识和理性认识的作用固然有所说明，但对于两者间的关联却没有充分发挥。《哲学讲话》对于感性认识和理性认识的互相抬杠（即矛盾）说得较多，而对于两者的关联（即统一）却说得太少。于是乍看起来，好像它竟把感性认识和理性认识绝对地分开，使读者容易误会两者是各自孤立的东西。这一种误会，确如黄君所说，有陷入观念的危险。这是和《哲学讲话》的本意违背着的。

感性的认识，是人类认识世界时最直接的认识作用。我们可以直接感觉到卓别麟的小胡子，马的白色，白马的形状。没有感觉，我们就什么也认识不到。但这并不是说，我们的认识始终就只有感性的认识。认识是发展的，感性的认识不过是一个端初，感性的认识发展下去，在它的基础上就发生理性的认识，我们看过了各种的白黑、肥瘦的马以后，就认识到一个"马"的概念，这个概念，是包括着各种马的共通的特征，而撇开了它们的差异的地方(如黑、白之类),这种"马"的概念,我们直接是看不见的,试问谁能够看见一匹不黑、不白、不棕,也不花的单单的马呢?然而,虽然直接看不见,我们的认识能力却能"把握"到这概念,这就是理性的认识。所以,理性的认识,是以感性认识为基础,是从感性认识发展成的!但也并不只是如黄君所说,"至多只是感性的扩充认识",因为概念的认识不仅仅是在"量"上比较感觉的直接认识"扩充"了,并且是在"质"上和感觉不同,是能够把握到感性所不能把握的东西的。

据"滑稽大王"这一个概念也是一样,这概念所指的一个一般的滑稽大王,并不单单指卓别麟或罗克,我们要在感觉里直接看到滑稽大王这东西,是不可能的,我们的感觉里所能看见的只是特殊的某一个滑稽大王,如卓别麟或罗克之类,所以滑稽大王这概念也是在理性认识的范围以内,而不能成为感性认识的对象,但这里也不可忘记,这理性认识的概念,仍是由感性认识发展而成的。正如黄君所说:"仅仅看过卓别麟的戏而从未看过罗克、劳莱、哈台等的戏的,绝不能在他们中间找出一个滑稽大王的同一概念来。"滑稽大王这概念,是由许多个别的滑稽人物的感觉发展而成的。但虽然理性是由感性发展而成,我们仍不能说,"理性并没有认识出感性所不能认识的事物",我们只能说,理性认识必须以感性认识为基础,甚至于也可以说,理性认识是"感性认识之结合"。但这并不是单纯的结合,而是发展后的结合,这种用理性做基础的结合,结果是超出了感性认识的直接感觉性了。发展是一种否定的过程,理性认识之所以是感性认识的发展就在于它否定了感性认识的直接感觉性。如果像黄君所说,理性并没有认识出感性所不能认识的事物,那么,人类的认识就要始终限制在感觉的范围以内,这只是经验论者的思想,而不是辩证唯物认识论的见解。

自然,我们单凭感性的认识,也未尝不可以看出卓别麟和希特勒的不同,因为他们两人各有各的服装和形象,可以直接感觉到。但我们要知道,单凭感觉所辩证出来的不同,只是一种模糊的不同的印象,这种不同的印象并不是很分明的,在感觉上,我们一看见希特勒的时候,始终仍不免会想到卓别麟。要使这种不很分明的印象得到一个明确的区分,就要依靠概念的帮助,即我们要明白了卓别麟是属于滑稽大王的概念,希特勒是属于独裁者的概念,才能把两人的界限划清楚的。单靠感性的认识,我们虽然可以感觉到两人的不同。但并不如黄君所说,很容易的就能判别出"一个是著名的滑稽电影明星,一个是独裁者",因为这样的判别,是要有概念作前提条件的。总之,概念是从感性认识发展而成,是以感觉的认识为前提,但反过来,概念又可以帮助感性的认识,感性的更明确的认识又要以概念为前提,两者在发展的阶段上虽然有先后、有基础和非基础的分别,但同时也有交互使用,也有统一和互相渗透。

再说到"胡桃一定有肉"这一个判断,也是一样的,我们若没有过去的感性上的"常识"。就不会有这一个判断,这判断不是天生在人的头脑里的。但同时,这判断又和感性认识不同,因为它不必要直接看见胡桃里有肉,就能下这一个判断的缘故。

能够了解认识是一种发展,是从感性认识走向理性认识的一种运动,那我们就不会因为"肯定理性认识的存在","就承认思维可以脱离感觉和经验了"。形而上学的经验论者和理性论者都不了解这种发展和运动,所以当前者肯定了感性的时候,就不能不丢弃了理性;当后者肯定了理性的时候,又把感觉丢了。其实这两者都是不对的。而黄君的误会,就和经验论有同样的倾向,这有肯定经验、否认理性的错误。

《哲学讲话》里虽然讲到由感性认识到理性认识,又由理性认识走到实践的运动,但没有充分说明这运动中的具体的关联,这是一个很大的遗漏,这一点,将来打算要认真地增补一下。但这不单只是《哲学讲话》的遗漏,过去的许多新唯物论著作,都没有好好地来处理这认识的运动问题,就是《辩证法唯物论教程》(已有中译本)这样新近的书,也没有十分具体地阐述。一直到去年底,苏联出版的《大百科全书》里,才编了一部更新的著作,对于认识的问题才特别充分地论述到,这书我现在已经译出,书名《新哲学大纲》。

另外的几个问题答复如下:

(一)A 等于 A 的 A,并不是代表数值,而是代表事物或性质。把它拿来和数学方程式相比,是不对的。但即使依着黄君把两者拿来比一比,也并不就会得到黄君所说的结果。即他把(X = 1 时)2X+1 = X+2 = 3X……等和"青年是店员"同样看待,是错了。因为,2X+1,X+2,3X……等在写法上虽然不同,即在实际内容上却是一个东西,即 3。内容一样而单只写法不同,这当然不用说是相等的。这在论理学上叫做同语异词,也有人照英文音译做托托逻辑或套替逻辑(Tautology)。就青年来说,如"二十岁左右的人","年龄在壮年和少年中间的人",和"青年"就是套替逻辑,因为它们的名词不同,内容却一样。但青年和店员却不是套替逻辑,因为青年的内容和店员的内容是不同的。所以 2X+1 = X+2……等,只能和"青年是二十岁左右的人"或"二十岁左右的人是青年"相比,却不能和青年是店员相比。形式论理学也并没有排斥"青年是店员"这一类的判断,不,如果排斥了,形式论理学就根本建立不起来,这是谁也知道的。不过我们要注意的是,正因为它不排斥这个判断,所以它本身早已经不能完全严格地遵守它的根本规律"A 是 A"了,因为它使两个内容不同的概念当做相等的东西。这绝不是在字面上用功夫,而是要指出形式论理学本身的不稳。

（二）"概念愈高,存在的可能性愈高",这是柏拉图的观念论的主张,在唯物论上,我们认为概念并不是外界的"存在",而只是外界物质在人类头脑中的反映。所以我们对于概念并不能问它有没有存在的可能性,只能问它是不是能反映真实。黄君以为我肯定了"概念愈高,存在的可能性愈低"的命题,这恐怕是因为他没有细读我那篇《抽象作用与辩证法》的缘故,我绝没有这样肯定地说过。

（三）概念愈高,内容的规定愈丰富抑愈贫弱? 这要看我们是站在形式论理学上或站在辩证法上,如果是站在前者方面来把握,那么,概念是纯抽象的,概念愈高,内容就愈贫弱,在辩证法上,是需要用具体的概念去反映具体的事物的发展,它要包含着一切个别事物的丰富的内容,所以不会愈更贫弱。马的具体概念是在要包含着大小、黑白等等的内容,而且要反映它们中间的关联和变化。

（四）概念的认识是理性的认识,但也不能不以感性为基础,这是前面已说过的了。

《哲学讲话》批评的反批评

——答何礼容、孙伯成、吴珊诸君

ZheXue Yu ShengHuo

这篇反批评本来不打算写的，因为王一知在《研究与批判》二卷二期上的批评态度完全是市侩的态度，对市侩谈理论是不值得的。但我们也声明：如果读者一定要求我们做一个反批评的话，那当然只好照做，因为许多读者也许是很希望更弄明白些。果然，接着何君的来信之后，我们又收到了孙吴两君的信，表示了同样的要求，因此现在一项项地解说一下。

王一知的文章，是分做"总的方面"和"理论方面"来说的。总的方面是关于全书编制的问题，他说《哲学讲话》作者对于哲学的一般知识不足。那么，我们就要看谁的知识不足？

他说："在第二章本体论中，《两大类的世界观》一节，显然是宇宙论中的东西。"这话不知是从何说起？所谓"两大类的世界观"，是指唯物论和观念论而言，从来的一切哲学都可以分为这两大类。唯物论和观念论所讨论的基本问题，是存在和意识、主观和客观的问题，这不是本体论是什么呢？宇宙论所讨论的是宇宙的发生和发展，在"《两大类的世界观》里"，何尝涉及到这一个问题？把这当做宇宙论，这算是对于一般知识懂得么？

他又说《哲学讲话》作者"在本体论下注以'或世界观'，足见他连本体论和世界观都分不清楚。所谓世界观是包含本体和宇宙论底内容的，本体论并不相当于它。"不错，本体并不相当于世界观，而世界观所包含的，是不单指本体论和宇宙论，也包含着认识论。但在新唯物论里，唯物论的本体论，是整个世界观的基础，有了本体论的唯物论的基础，才有唯物论的认识论和方法论，所以在本体论下注以"或世界观"，是从这基础的意义着眼的。

其次，王一知说人对于哲学一般知识不足的时候，恰恰就证明他自己的对于新哲学知识的不足，他说："《现象与本质》、《形式与内容》两节，应该是本体论中的问题，放在方法论中有些不妥当。……《法则和因果》，……三节，却完全是宇宙论中的问题……"这样的话，不是对于新哲学最高成果盲无所知是什么？翻开任何一本新哲学的新著作，不是都把"现象和本质"、"法则和因果"等放在一起谈论的么？王一知的话，除了说他是对新哲学的最高成果怀着敌意而想加以修正之外，实在找不出另外的解释。关于这点，在《大众哲学》第四版的序（即《关于哲学讲话》）文里面已经讲过，此处不再重述了。

至于说《哲学讲话》"有好些重复的地方，缺乏剪裁和布置"，这倒是不错的，但也有它的理由，在《关于哲学讲话》里也说明了。

在"理论方面",他是故意地咬文嚼字来歪曲,而完全忽视了《哲学讲话》每一节的整个的意思。第一,"假的唯物论",譬如把物质当做死的、固僵的,若要运动,就"必有一种另外的力量推动它",这种见解,《哲学讲话》把它当做假的唯物论,是因为它最初虽然承认外界物质的存在,是站在唯物论的原则上的,但因为否认了物质的自动力的缘故,把运动变化的原因都推到一种另外的(精神的)力量上去,这结果仍会投到观念论的怀里。王一知说这是不明白物质论和观念论的分别,其实完全相反,这正因为是很正确地明白了两者的分别,所以也才能够分辨出假的唯物论(或者有投到观念论的怀里去的危险的唯物论)。如果像王一知那样,把凡是承认了外界物质存在的思想都死死的圈在唯物论里,(这是形而上学的理解,不是辩证的理解)也不注意冒牌的恶劣倾向,(例如揭着新物质招牌而实际上却散布许多观念论、二元论流毒的叶青——请看本卷四五期所登的《叶青哲学到何处去》——就是一个好榜样)那才是弄"不清楚"之至!

第二,他说艾思奇所讲的"假的唯物论"或观念论,就是机械唯物论,因此他想证明艾思奇把机械物质论弄不清楚。其实这是他把艾思奇的文章没有弄清楚。假的唯物论也承认外界物质的存在,在这一点上它总算是唯物论,这是不错的。假的唯物论把物质看做死的,不能自动发展的东西,在这一点上它是机械唯物论,这也不错的,然而,就是说机械唯物论吧,因为它最后不能不用精神的外力来解释运动,在这一点上它就不能保证真正彻底的唯物论,而倾向到观念论方面去了。如果它是走到这一方面来了,那我们就不能说它是彻底的唯物论,我们就不妨说它和假的唯物论一致,甚至于和观念论一致了。因此,我们可以这样说,机械唯物论在一定的界限内是唯物论的,然而我们不能说它绝不会转移成假的唯物论或观念论里去。法国唯物论者大多数是能保持着他们的唯物论的彻底性的,但服尔太(伏尔泰)和牛顿,就常常和神、和观念论妥协,所以他们虽然同是唯物论时代的人,却转移观念论里去了。不从这转移方面来看,而只死死地守着分类的界限,像王一知的那种说法,是完全形而上学的!

第三,《哲学讲话》把万物都有灵魂、有生气的主张,称做"万物有生论",而不称做"万物有灵论",这只是字眼上的问题,并不是内容上的问题,如果一定要挖字眼,那么,王一知跟着叶青把唯物论一定要写做物质论,我们也很可以有话说,有文章可做了。其实字眼的问题不是第一义的,要紧的是不要因此歪曲了内容,"万物有生论"这名词是还不至于损害了它所要指的内容的。

第四、第五,王一知把反映论这名词限制在"认识的本质"里,以为这名词不能包括认识的可能和认识的起源的问题,这是完全不懂得新哲学最高成果的曲解,完全是跟着形而上学者做着死的分类。其实反映论在新哲学里,是认识论的一个总名称。反映论可以包括认识的可能问题,因为它给我们解答:外界的一切可能逐渐反映到我们的意识里来;它也包括认识的本质问题,因为它告诉我们,认识的本身是外物的反映;它更包括认识的起源问题,因为它告诉我们,认识的来源是外界事物的反映,没有外界事物,没有这些事物的反映,就没有认识。王一知以为反映论不能做认识的起源论看,以为只有经验论才是起源论,这是退回到百年以前的旧哲学群里,而把新哲学抛弃了。要知道,反映论主张认识是起源于外界的反映,这才是彻底的唯物论的起源论,而经验论呢,是主张认识起源于经验,起源于感觉,至于这经验、这感觉,却不一定是来自外界的事物,譬如勃克莱(贝克莱)和休谟的经验论,就主张经验和感觉,只是主观的东西,不是从外界物质来的,这样,经验论虽然是一种认识起源论,却并不一定就是唯物论的起源论,彻底的唯物论的起源论,是只有反映论一种。所以艾思奇所说的"经验论和反映论不同"的话,是有正确的道理的。但这道理,在王一知恐怕"不知道"、"不懂",而且"弄不清楚"!如果弄清楚了,还要这样说,那一定是故意要把新唯物论计陷到观念论的泥沼里去的企图。

第六,他说经验论和理性论"综合"的确不是反映论,这样的主张,找遍全世界的新唯物论著作,恐怕都找不到,有之,那只是在冒牌的叶青哲学里,作为叶青学徒的王一知而有这样的主张,自然是不足为怪的。新唯物论承认,并且必然要承认实践是认识的基础,认识本身的特征,正是通过实践对外界事物的反映。没有实践,当然没有这反映,但单单有盲目的实践(蛮干、硬干、乱干),忘记了客观真理的反映,这就要走到反理智主义的法西主义的极端,这和唯物论的认识论是离得非常远的。主张"经验论与理性论底综合。……绝不是反映论"的王一知和叶青,是另外有他们的恶劣倾向的。

第七,《哲学讲话》说实践能使人的主观和客观外界接触,使两者互相统一,王一知不赞同,说这是和感觉论经验论相同,其实他不懂得,像前面已经说过的一样,感觉论和经验论也有主观的,主观的感觉论和经验论就不必要求主观和客观接触,所以说实践使主观和客观接触,不见得就和感觉论同。他说:"实践之于认识,不在使主观接触客观,而在从使用客观改变客观去理解客观的存在及其法则。"试问"使用客观和改变客观"和"接触客观",有什么本质上的不同？难道"使用"和"改变"的时候还不要接触么？接触并不是在旁边静观,而是密切地接触啊！把"使用"、"改变"和接触完全分开,这只是咬文嚼字的时候有点作用,事实的本质上没有意义的。至于他说"在使用和改变中,要感觉又要思维,所以是把感性和理性合而为一的",这样的话,说来固然好听,其实是非常混乱。因为感觉和理性的合而为一,并不是胡乱搅在一起,两者是作为过程而互相连接的,大概地说就是也从感性认识萌芽,又由感性发展而成理性,所谓理性接着来抬感觉的杠,是指这过程的联络而言的。伊里奇说:"从活生生的感性认识,走向思维,又由思维回到实践。"《哲学讲话》的一切理论,就是正确地依着这个命题去做的。

此外王一知还说到三点,不但没有批评到《哲学讲话》,反而证明他自己没有脱离已经被推翻了七八年的布哈林机械论的影响:

(一)他反对艾思奇把原因和必然分开,说:"凡有原因的就是必然的。"这不是布哈林的理论是什么？如果说凡有原因的就是必然的,那么？试问世界上有没有一种无原因的事物,如果没有,那么,就是说,世界上的一切都是必然的,世界上绝没有偶然的东西了。否定了偶然的客观性,而只看见必然,这是恩格斯在80年前就反驳过的,因为这和宿命论太相近了。

(二)他反对这句话:"机械论两错误是把偶然和必然混淆成一个东西",而主张"机械论的错误在于知有必然而不知有偶然"。其实机械论何尝不知有偶然,它不过是把偶然看做主观的东西,认为偶然的东西在客观上是必然的,这样说它是把偶然和必然混淆起来,何尝是不正确呢？

(三)他反对这句话:"观念的错误就是把偶然性和必然性

完全分开"，而主张观念论的错误是知有"偶然性而不知有必然性"。这更是"从何说起"？譬如苏联的德波林哲学是少数派观念论，明明是"知有必然性"的，这不必多辩驳，请诸君把《新哲学大纲》拿来翻一翻，就很够暴露王一知的莫明其妙的奇想，就可以知道他是怎样懂得机械论和观念论了。

哲学问题四则

——答陈文纨、张凄咽等

ZheXue Yu ShengHuo

（一）《费尔巴哈论》一书中，有这样的一段话："在辩证哲学中没有永恒的、绝对的、神圣的真理。"这句话如果是对的，那么，这话的本身又是不是永恒的、绝对的真理呢！我们知道，著这本书的人，正是一个辩证哲学者，辩证哲学既不容许有永恒的、绝对的真理，那么他说的那句话也不应该是永恒的、绝对的真理了。辩证哲学主张"世界上的一切都是变动不居的"，那么他这句话也应该会有变动，即使现在可以这样说，将来却不能成立了？更进一步说，辩证哲学也不是绝对真理了？

答：要解决这一个问题，必须先了解辩证哲学中所见的真理是什么。辩证哲学中没有永恒的、绝对的、神圣的真理，这是不错的。但同时，辩证哲学也不是主张,一切真理只是暂时的、相对的。如果这样主张,那就成为相对主义了。我们要知道,辩证哲学的基础是对立的统一。相对真理和绝对真理,在辩证哲学里,也要构成一个对立的统一。辩证哲学里没有全然绝对的真理,但同时也没有全然相对的真理。相对真理和绝对真理是统一着、互相渗透着的。更具体一点说,人类所认识的一切的真理,在辩证哲学看来,都是客观世界的现实的反映,既能反映客观现实,所以这真理的内容总是绝对的。但同时,人类并不能够一次就把客观世界的一切真理都看透了,每一个时代所知道的真理,只能按照着实践的发展程度,认识到某一个限度,或某一个阶段,如果要更进一步的更高的认识,必须有更进一步的历史实践,在这种意味上来说,我们所认识的真理的形式,始终是相对的。真理有绝对的内容和相对的形式。所谓绝对的内容,是因为它能反映现实。所谓相对的形式,是因为它的反映在一定时代只能达到一定的阶段。这就是相对和绝对的互相渗透和统一。辩证哲学的本身,在内容上是绝对的真理,《费尔巴哈论》上的那句话,也可以算是绝对的真理,但我们不能说这绝对已经是最后的绝对,辩证哲学在现在的阶段上已经比六七十年前更发展更具体化了,将来它也还是要更发展和更具体化,所以在形式上,我们仍可以说它是相对的真理。

(二)人生究竟是为什么?假如做人只为了吃饭,那么,吃饭又是为了做人,岂不是太无聊吗?

答:"人生为什么"这问题是太空洞了。人的目的,是随着时代、社会,以及阶级的不同而不同的。要想定一个全人类共同遵守的目标,是不可能的事。你试问商店的老板说:"人生为什么?"他一定答说:"人生不过是要多赚几个钱,好好的吃一吃,穿一穿就算了。"你试问二十年前的"读书人",他一定答说:"人生就是为要做大官,显亲扬名。"你试问外国的牧师,他一定说:"人生是为了赎罪而来的。"……总之,各色各样的人,有各色各样的人生的见解。我们要空空洞洞的定一个全人类共同的目标,是不合理的,即使定了,也没有用处,因为全世界的人绝不会都跟你一样想。我们现在只能替我们定目标,我们的问题只是:"我们生在世界上的任务是什么?"要明白我们的任务是什么,就要先了解我们所处的地位是什么? 要了解我们所处的地位是什么,就要认识我们周围的现实。所以,如果你要了解人生是为什么,你就先得要认识我们的生活是什么? 例如对于中国的认识,我们已决定第一是处在半殖民地的国家,第二是现在已临到民族危机更尖锐的时代了。那么,我们的任务,至少也可以确定这一点,我们要努力抗争,求民族的自由解放! 这就是我们的为什么了!

(三)有人说:中国所以保留为一个国际资本主义的半殖民地,而不为某一帝国主义所独占,那是因为帝国主义相互间的力量的均衡。又从前北京的共和政府所以能够存在,是因为各地军阀势力保持一种相对的均衡,均衡打破了,北京政府也就瓦解了。这样解释对吗?

答:中国的问题是很复杂的,中国之所以不被帝国主义独占不是简简单单的均衡两个字可以说得清楚,也不是现在我们的短短的答复可以说得完备的。大体上说来,如果仅仅是力量的关系,那么,各帝国主义也可以按照自己的力量来瓜分了中国,何必一定要让中国保持着独立的完整的形式呢? 又譬如在有些国家里,显然某一个帝国主义者占了优势,成了它的保护国,然而这国家表面上仍然有独立的形式,不露骨地成为殖民地,这也不是力量的均衡不均衡可以说明的。均衡论在哲学上现在已经被清算了。在事实上也是讲不通的。无论看什么事实，我们现在再不能从力量均衡方面来观察，而要从矛盾方面来观察了。就中国来说，所以能保持独立的面貌，是因为在先已经给了帝国主义者种种特权，帝国主义者靠着这些特权（如关税等等），已经能够获得极大的经济利益。如果要进一步在武力上独占，反而使自己的利权不能发展，这就是一种矛盾。然而这是过去的事了。这矛盾发展到现在，因为世界经济恐慌，帝国主义已不能用和平的方法解决经济问题，于是武力独占的危机也紧迫起来了。各帝国主义在中国的力量，不能说只在过去才有均衡。但中国的民族危机，却是到现在达到尖端了。

至于从前北京政府的存在，也不是力量均衡的表现。恰恰相反，在每一届的北京政府里，力量总偏重在一系方面，如段祺瑞政府的偏重安福系之类。因为不是均衡的表现，所以形式上虽是共和政府，而实质上却时时刻刻酝酿着矛盾，屡次的政变、内战，以至于北伐，都是由于内部的矛盾。如果我们用均衡来看北京政府，那我们将以为它是超乎一切之上的公平的（即均衡的）政府了，这是错误的！

——以上答陈文纨君

（四）在一本《哲学概论》书中，看到这样的话："机械论者承认社会体系的内部发展与变更，是完全由外部的矛盾——社会与自然之间的矛盾——决定的。"至于新唯物论则认为"社会的运动与发展是由于社会内部的矛盾决定的。"那么，将来的社会内部矛盾完全消失了以后，社会不是不会再有运动和发展吗？说是对的话，似乎违背了"一切皆变"的规律。如果说那时全靠外部的矛盾来推动社会，又犯了机械论的嫌疑？

　　答:照新唯物论的观点,则一切事物都有内部的矛盾,因此,就是将来的社会,也不能说就没有内部的矛盾。具体点说,生产力和生产关系的矛盾,在将来还是要有的,不过现在的这种矛盾,是取人和人的敌对形态表现着,而那时的矛盾,却不是这种形态,所以将来的社会所消灭的矛盾,只是人和人的敌对形态的矛盾,而不是将一切矛盾都消灭了。明白这一点,问题就可以迎刃而解。

——以上答张凄咽君

动物有没有本能

——答汪德明君

ZheXue Yu ShengHuo

汪君读完郭任远著的《行为学的基础》后，对于行为学者不承认"本能"和"意识"引起了很大怀疑，汪君认定"人是有本能的"，同时汪君也"很尊重本能说"。这到底谁是谁非呢？汪君自己不能自决，因质之我们。我们觉得这一问题的提出，虽然不免失之专门，但"本能"之说对于一般人的印象素深，能借这个机会来讨论一回，谅也不是无意义的事吧！但在解释人的"本能"前，我们应讨论动物的本能，因此我们把问题稍为扩大了一点。现在先就方法论略加讨论。

动物有本能是一般心理学家所承认的，但行为派的心理学者独加以反对，尤以郭任远先生来得最彻底。本能果然会因行为派的反对而失去存在的意义吗？这是很值得讨论的问题。但若要想从现在心理学各派的研究和理论中得到圆满的解决，是很难的，因为各派有各派的立场和方法，各派都执著自己的是而反对他人之非。所得到的结论，常是片面的。

我们自然不能否认：每一派的心理学家对于心理学都有其特殊的贡献，但同时，他们那片面的、形而上学的方法论使他们不能把握事物的全面，以致将结论引导到极端的危险的方面。行为派也同样提供了许多有价值的研究，同时也因为行为派的特殊的方法使它达到了很奇怪的结论，即本能的否认。

因此，要答复究竟有没有本能的问题，最好先就行为派的方法做一个批判，指出什么是正确的研究方法。把握住了正确的方法，读者便可以在研究当中下正确的判断，而不至于看见了一个奇怪的结论便莫知所措了。

行为派之所以有价值，是在于它在心理学中应用了唯物论的、彻底的实验方法。心理学到了行为派的手里，便成了完全客观的实验科学，它将心理现象也看做一种物质现象，看做一连串的刺激和反应的过程。因此行为主义者认为心理科学的研究应该是应用物质的刺激以求动物身上的物质的反应行为，刺激和反应的研究，便是心理科学的根本基础。行为主义者放弃了内省派的主观的观察法，而把心灵当做与物理化学同样的东西去处理。

使心理现象与物理化学联系起来，这是行为主义的大功绩，因为高级的（心理）现象是不能与低级的物质基础分离的，心理作用只是物质作用的一种属性，物质不存在时，便也没有心灵。从物质的研究中去获得心灵的了解，是行为主义的很大的优点。但是，行为主义一旦把握住了物质的基础，便以为这低级的基础就已经足以代表一切，于是否定了整个心理作用的特殊性，以为除了刺激和反应的过程外不更有什么。本能、意识，都可以还原为刺激和反应的现象，它本身是毫无一点意义。

依据这样的方法论，行为主义者便否认了本能的存在，而将本能也看做刺激和反应的过程之一种，这种方法论，就是我们常常听到的所谓"机械论的方法论"。把高级现象还原作低级现象，而抹杀了高级现象的特殊意义。更明白地说，机械论者认为高级的现象与低级的现象，只有复杂和简单的分别，而无性质上的差别，即只有量的差别，而无质的差别。所以，认为本能与刺激和反应的过程是同样的东西，不过刺激和反应是单纯的刺激和反应，本能则是一连串的复杂的刺激与反应而已。

这种方法论，也是形而上学的。何以为形而上学呢？就是它抓着了事物的一面，而忘却了该事物的另一面，它把所抓着的一面看成死的、固定的，而不知道这一面的活动性，不知道这能够转化为另一面。承认了刺激和反应的低级现象，而放弃本能和意识等高级现象，这就是形而上学的。

但形而上学的方法，在今日，早已不成其为研究真理的方法了。举简单的例子来说，水是比氢氧二气都高级的，因为水是氢氧二气化合而成的化合物，但我们能说，水的性质与氢氧二气是一样的么？自然，要研究水的成分，必须把它分解为这两种气体，但对于水的本身性质的认识，是绝不能在两种气体的研究中得到，而须把整个的水拿来研究。我们不能因为分析出低级的氢氧二气，便否认了高级的水的特殊性，由低级的现象复合而成高级的现象时，不单只是量的转变，即不单只是量的复杂化，同时性质也有了改变，而转化为另一种的质。

所以，研究高级现象而以低级现象的分析为基础，这一点是可以首肯的，因为高级现象是由低级现象所构成的，高级现象包含着一切低级现象的缘故。但一旦构成高级现象，则低级现象的性质便隐没而成为另一种的性质，这种转变的过程，就是所谓的扬弃（Aufheben）。这样，对于行为主义者，可以很赞赏他们那唯物的、客观的、实验的研究方法，但因为应用这种方法，就要否认了动物的本能和意识，那是形而上学方法的作祟，如果打破了形而上学的观点之束缚，则尽可以承认本能的存在，至少没有否认的必要。因为本能是比单纯的刺激和反应更高级的现象，虽然也是一连串的刺激和反应所组成，但既已成了连串，性质上便不单只是刺激的反应。例如，单纯的刺激的反应只是机械的、盲目的行为，而本能则是围绕着一个中心目的而执拗地活动着的一种有目的性的行为。既然本能的目的性行为与机械的盲目行为不同，则本能的特殊意义就能成立，本能的存在便不容否认。

前面论到一般动物有没有本能的问题。我们反对行为主义者的形而上学的研究方法，他们把低级现象（刺激和反应的过程）片面地夸大了，而忘却了高级现象（本能）的特殊意义，但反过来说，若抬高了本能的特殊意义，使它完全与刺激和反应的现象分离，而当做一种完全孤立的东西，那也同样是片面的观点。生物学上所谓"生机说"或"活力说"，就是把动物的行为看做一种特别的活力作用，不把它与低级的物质作用联系起来研究，结果动物的行为好像是有一种神秘的精灵在后面推动似的，这很容易将人的思想引导到观念论，甚至于引导到宗教迷信的方面去，也是要反对的。因此行为主义者的唯物的实验的方法，就值得我们推重。换一句话说，我们可以用批判的态度去接受行为主义者的研究，赞成本能只是连串刺激和反应的综合，而同时，既成为本能，便也有本能所特有的性质，与单纯的刺激和反应不同。我们的结论是：动物是有本能的。

人类是动物，当然也有本能。但人类与普通的动物不同，因此人类的本能也另有一种意义，现在就要讨论这一点。

人类与动物的不同，是因为能制造工具，这是汪君也提到过的。但人类能制造工具，能以工具取得所需要的物质，不必全赖爪牙和气力，这就使人类的生活比动物的生活更发展了一步，人类的生活是比动物的本能生活更高级的，更明白的说，人类的生活是智慧的生活。自然，如果以为人类的生活和动物完全不同，那也未免陷入片面的见解，最大的两种基本本能，如汪君所说的食欲和性欲，是不论人类和动物都一样的。但动物要达到这本能的目的，其方法不外是应用自己身上生来具有的器官，一切行为都受着生理上的限制，所以动物的生活是纯粹的本能生活，人类能利用工具，用外物来代替自己的器官，这使人类超出了本能生活。

人们常把蚁的群集组织与人类的社会组织相类比，这是错误。蚁的群体完全是基因于蚁的生理构造而形成的。但社会的组织是人类因应用工具实行生产而发生的互相结合，也就是所谓生产关系，蚁的群体受生理的限制，故这种群体的组织凝固不动，没有改善和变革的余地。人类则能不断地改善他的生产工具及其应用方式，使生产能力发展，而人类间的相互关系也因之改变。革命就是因生产力的发展而引起来的生产关系之变革。动物的群组织是有机体的组织，而人类的群组织是社会的组织；有机组织的变革和进化只能依赖自然淘汰，而社会的变革的原因则是社会生产力的增高和发展。人类生活与动物生活是这样不同的。

因此，如果不分清楚人类生活与动物生活，以为人类的行为也是以本能为标准。这仍是夸大了低级现象而忘却高级现象的形而上学的看法。这种错误的看法是常常有的,例如,有的历史家常以为一国的君主掠夺别国的城池,是为了争夺美女的缘故,这是以性欲本能解释历史之一例;又如,英国的马尔萨斯的人口论,以人口过剩及食物不足来解释民族与国家间的战争,这又是以食欲本能解释历史之一例。其实这些说法都是蒙蔽了真理的。

评判一个人的行为,也不是以行为之能否适合本能为标准的。恋爱或甚至犯奸的行为,虽然是本能的发挥,不一定是罪恶,但也不一定就常值得同情,如果一个人因迷于恋爱而疏忽了他在社会上所应负的责任,那还是会成为罪恶的。善恶的标准,须得要看那人的行为在社会关系上会发生什么意义,然后才能确定。

总之,要了解社会和人类的行为,必须研究人类社会特有的经济现象(是生产力和生产关系等)研究,不能用低级的动物本能作为解释的标准。自然,人类社会现象是本能现象的延长和发展,我们不能否认,人类与本能是不能分离的。但本能到了人类身上,就被更高的智慧这一种东西所包摄、所扬弃,本能生活到这里,便隐没在智慧中;更确切地说,隐没在社会生活中。因为人类智慧的活动范围是不能超出生活之外的。

所以,人类不是没有本能,但在人类生活中,本能只有次要的意义,不能决定人类行为的根本方向。智慧是人类行为中的固有性,而本能是"附属性"。反之,在动物生活中,也并不是没有智慧的萌芽,猿类能用树枝或石子击物已是最初步的工具之应用,但这在猿类的生活中并不是主要的行为,只是偶然的行为,因此,除人类以外,动物的生活都可以说是本能的生活。

恋爱的本质是性行为吗

——答徐晓云君

ZheXue Yu ShengHuo

一 来 信

读书问答：

日前某妇女团体开"座谈会"讨论"恋爱问题"，他们讨论的第一个问题是"恋爱的本质"，讨论后所得出的结论是："恋爱是以性行为的发挥为基础，而以基于爱情及思想行动之协调，感情性格之一致，人品学问之相当等附带条件而成性的两性结合。"

随着这问题而来的是"本质"之可变性与不变性的争论，主张可变性者是根据辩证唯物论的观点，认为宇宙的一切事物都是在变化发展的，恋爱的本质，当然也是在变化发展。反对这一见解的人却认为恋爱的本质既是以性行为

为基础,则这性行为是绝对不变的,它相当于人类饮食之无论在
任何时间与空间不会不饮不食一样。

我同意于前者而提出了如下的补充:恋爱的基础虽是性行
为,而这性行为的基础却是依存于两性,即是说两性才是最基础
的东西,性行为不过是有了两性以后的派生物。根据生物进化
论的发见和社会进化史的推论,人类也是由最低级的生物——
亚米巴、单细胞之类长期进化来的,并不是一有宇宙即有两性的
行为的出现。两性间的生理器官,自进化成人类以来也都经过
了不少的变化。未来的两性,通过社会生活的演进,也很难说不
会促进性行为的变化。既然两性的本身都在演变,则由这两性
所附生的性行为,也是要与两性辩证地变化发展的。

我这一意见才提出,竟引起了主席和一部分人的非笑,认为
是"离开本题"的"滑稽",渺茫抽象的奇谈,而竟不加解释地武
断地作出了"恋爱的基础——性行为绝对不变"的结论。先生,
性行为真是不变的吗,为什么? 宇宙间竟有绝对不变的东西吗?
这一真理如果存在,不是连辩证的逻辑都要被否定了么? 我实
在不明白她们所以发笑的原因,也许我的那种说法,太架空和不
圆满了一点,但它究竟不是"奇谈",更没有"离开本题"。说得
不对,不对的地方在那里她们没有给我指出;对,她们的笑不是
浅薄无聊么? 先生,她们那一"不变说"的论证算充分么? 算正
确么? 真是把握住了真理的核心么? 那样武断,那样主观,是学
理探讨的态度么? 我的意见真的没有成立的理由么? 何以故?

尤其使我莫明其妙的是那第二个问题——恋爱的形态——
的结论与第一问题结论之相互矛盾:"恋爱的形态与其本质相
对的统一着,但这形态须随时代及社会经济的变化而变化的。
资本主义制度时代的恋爱形态,只是畸形的以商品的买卖形式

出现;真正合理的自由平等的恋爱,必须俟私有制度废除以后,公有制度确立的社会里才能普遍实现。"本质既与形态"相对的统一着",而本质又是"绝对不变"的,规定形态变化的倒不是形态的本质而是"时代及社会经济",这不又将形态与本质的"统一性"完全消去了吗? 离开了本质的形态,真使人不堪想象! 先生,对立物的相对与统一,该是要在对立物的相互矛盾与运动的逻辑下才会存在的吧? 如果形态单独向前发展而本质停滞不动(当然是不可能的)则本质不是将被形态否定了么? 形态与本质不是辩证法的发展着的么? 这不是机械论者的观点么? 但它错误的原因在哪里?

该团体的态度,究竟算是比较前进的,我个人对它解放妇女的希望相当的大。那天在座的人又很多;不论是谁,灌输了错误的理论给听众,谁就要负责任去纠正。为了这,我深惧我的发言会有错误,特来请求先生指正,好让大家不会受我错误的影响;同时,她们的观念要是不正确,也望先生指出。

读者徐晓云上

二 恋爱不是永久不变的

恋爱问题,我们还没有详细地讨论过,也没有人像徐君这样郑重的提出来过。这也许是因为中国人整个生活问题太严重了,使人没有机会充分来注意它。但我们对于它也不能忽视,它始终是青年们的重要问题,并且正因为生活困难,更成为青年们非常苦恼的问题。

趁着徐君提出来的机会,我们来加以讨论,不是没有意义。从来信上看来,徐君所讲到的那妇女团体,正如她所说的一样,究竟算是比较前进的。至少,她们不是恋爱至上主义者的集团,她们没有把恋爱当做人生的至高理想,看做唯一的幸福;她们坦白地宣布了恋爱是建筑在物质上的,恋爱和性行为分不开。她们又了解在现在不合理的社会里,也没有合理的恋爱,"真正自由平等的恋爱,必须俟私有制度废除以后,公有制度确立的社会里才能普遍实现"。这就是说,两性问题是不能单独解决的,必须整个的社会有了办法,才能够建立起合理的两性关系。这些地方,都证明她们的进步性,证明她们并没有像观念论者一样,把恋爱的理想过分的夸大了。

但她们对于恋爱的了解,未免太简单了,她们几乎把恋爱和性行为看做一件东西,没有加以分别。不错,没有性行为,就没有恋爱,如果以为恋爱可以和性行为完全隔离,是不对的,但我们要知道,性行为不一定就能够产生恋爱,动物也有性生活,但我们能说动物也会恋爱吗?恋爱只在人类中才会有,而且就在人类中,也不是完全普遍的,譬如在封建社会里,只有天经地义的男女婚媾,却没有恋爱,人类的恋爱,也要在一定的社会条件之下才能产生。

就把她们对于"恋爱的本质"的结论来说,她们也承认,恋爱必须要有"爱情及思想行动之协调,感情性格之一致"等等的"附带条件",虽说是"附带条件",但如果缺少了它们而仅只有单纯的性行为,那能够算是恋爱吗?以"父母之命,媒妁之言"为依据的封建婚姻,所以不能称为恋爱,就是因为缺少这些"附带条件"。

我们可以说,性行为是恋爱存在的必要条件之一,但并不是决定恋爱的基础,离开了性行为,恋爱当然不会存在,但性行为的本身,并不能够产生恋爱。恋爱的产生,一定还有别的来源,还有别的决定的基础。这就好像盖房子,地基、砖瓦和其他材料,是房子的必要条件,没有这些东西,也就没有房子,但地基砖瓦和其他的材料等等,是不会直接产生房子的,要产生房子,另外还有盖房子的人。

明白这一点,我们就可以说:恋爱的本质,并不是性行为,就好像房子的本质不是砖瓦地基一样。同时这"本质"的可变性与不可变性的问题,也有了解决了。性行为果然是和人类饮食一样,无论何时何地,人都要饮食,无论何时何地,人都可以有性行为,这两种行为,是不变的。但人类求得饮食的方法,却是因时因地而不同,而发挥性行为的方法,也是因时因地而不同的。恋爱不过是人类发挥性欲的方法之一种,封建婚姻也是一样。封建婚姻是可变的,它在一定的情况下发生、发展和没落,恋爱也是可变的,它从一定的时间空间中发生和发展起来,现在我们所知道的恋爱,将来也不能说没有消灭的一天。

对于这一切,我们自然还得要再具体地讲一下,恋爱既然不是由性行为直接产生出来,那么,它是怎样产生的? 它的本质既不是性行为,那又是什么? 它是可变的,它发生、发展和没落,那么它是从哪里发生? 它没落之后,男女的性行为发挥方法,又成为什么样的状态? 这几个问题,都得要具体地说一下。

三 恋爱的特点及其社会基础

恋爱怎样发生的呢? 我们不妨把中国过去的事情回想一下。恋爱问题在中国最出风头的时候,是十年前左右。那时正是所谓五四文化运动的期间,全国发生了一个反对旧社会传统的运动,恋爱自由的呼声,也成为反对旧传统的一个口号而出现了。这新的文化运动的来源,人人都知道是因为中国社会上的资本主义要素最初抬起头来,要想打倒旧的封建势力。新文化运动就是这新兴势力的表现,恋爱自由的主张也正是这新文化中的一支生力军。我们试把恋爱自由的主张中的几个特点指出来,就可以知道它是反映着资本主义的生产关系了。

第一,我们可以看出,恋爱自由有个人主义的色彩。从五四时代的言论里,可以知道,主张恋爱自由的人,是以为恋爱是男女个人本身的事情,所以只能由本身自己来决定,不能听从"父母之命",排斥第三人的干涉。这在反封建方面是有意义的,但推到极端,就有人把恋爱看做纯粹个人的事,以为和社会全然无关。个人主义是从资本主义的基础上产生,这是谁也知道的。

第二,恋爱是以自由平等为理想的。所谓恋爱自由,就是要人人都站在平等的地位上,作自由的追求,自由的竞争,自由的结合,资本主义初期的时候,也就是用自由平等的口号来和封建势力对抗的,恋爱自由不过是一方面的反映。

第三,我们要注意,恋爱的自由平等,是虚诡的自由平等。恋爱者的双方互相间都有一种占有欲,一个人到了恋爱的成功的时候,就觉得对方是自己的所有物,这种占有欲,和资本家对于自己的财产所抱的态度并没有多少分别。后者说"我的财产",前者说"我的爱人","我的"的观念是很值得注意的。表面上主张自由平等的竞争,竞争的目的,是要使对方成为"我的东西"。然而竞争在表面上虽然自由平等,有资产的人实际上始终占着优势,自由平等也只成了一部分人的自由平等,这种自由平等,是终归要没落的。就好像今日垂死的资本主义国家,完全放弃了经济上政治上的自由主义一样,今日的资本主义社会里,男女两性也说不上自由恋爱,而成为露骨的买卖婚姻了,自由恋爱和自由主义一样,是资本主义初期的产物。

第四,我们还要注意,恋爱所需要的那些条件也是反映着社会的不平等的。例如"爱情及思想行动之协调,感情性格之一致,人品学问的相当等",就表明恋爱的存在,必须双方的思想行动、感情性格、人品学问等等在一致的水平线上,然而要使这些东西有一致的水平线,必须双方都属于同一社会层才能成功。这就是说,在通常的状态之下,一个资产阶级的妇女和一个苦力劳动者是恋爱不上的,更进一步说,苦力劳动者们因为生活的残酷压迫,一般所谓的"人品学问"之类,在他们认为是谈不上的,因此对于他们中间也就说不上恋爱,而恋爱就成为资产阶级和小资产阶级的事实上的特权了。

根据以上的四个特点,可以知道恋爱的发生,和资本主义的兴起是有多么密切的关系!恋爱的种种特征,都带着新兴资本主义的性质,初期资本主义的经济关系,才是产生恋爱和决定恋爱的基础、恋爱的本质。我们现在就可以下一句断语,即:恋爱是初期资本主义的经济关系在两性问题上的表现。

当然,如果说恋爱完全不是性行为,也是不对的,恋爱始终是人类发挥性行为的一种方法或方式,它和性行为是统一的,但说到这种方式的本质,我们就不能说是直接由性行为产生,我们就同时要指出它和性行为的差别。这就是辩证法上的"差别的统一"。不了解这一点,以为恋爱的基础只有性行为,那就是把复杂的事情看简单了,这是一种机械论的错误。

四 恋爱的本质和形态

这样,我们就得要在资本主义经济关系中找恋爱的本质了。但是,把恋爱单单看做经济的行为也仍然是简单化,仍然不够的,恋爱在发展中还表现出种种的"形态",我们也不能不注意。有的人恋爱的时候,目的是想得到好帮手,有的人(恋爱至上主义者)把恋爱当做人生至高至美的理想,像神圣一样地崇拜对方,有的人还带着半封建的观念,拼命的要把对方作为独占的对象。这种种的形态,和恋爱的本质自然有相对的统一,不在资本主义的初期(例如在封建社会里),社会绝不许你自由去找好帮手,也不容你把爱情看得太高(要紧的是封建社会的义务)。所以这些形态,和资本主义的本质是统一的。但统一中同时也有矛盾,形态发展到某种程度,这矛盾就会暴露出来。恋爱至上主义者在极端的时候,有时也会不顾一切经济的限制,能为恋爱而牺牲自己的。为恋爱达不到目的而自杀的人,是不必说了,像有钱人的小姐跟着车夫逃走的事,也是屡屡可以听到的。如果以为恋爱仅只是单纯的经济行为,这些事情就成为神秘不可理解的了。

我们要看出恋爱的经济本质和它的观念形态(如至上主义等)的矛盾,形态是由本质决定的,但同时它也有相对的独立性,忽视了这相对的独立性,一切都要单纯的用经济来解释,这也脱离不了机械论的错误。例如叶青先生就是一个例子,他说:"他与她恋爱,是因为他有财产……并且要能养活她才娶她……并且要他能养活她才嫁他……"又说男女双方有时虽已注重学识而不注重财产,全然因为有了这些,"暂时贫穷,将来会好"的缘故,这都是太把事情说得机械化、简单化了。实际上男女青年在恋爱的时候,倒并不这样单纯,他们的观念形态的独立性发挥到极端的时候,倒常常会冲破经济的打算把性命做牺牲品,这是不能不注意的事实,并且也是特别重要的事实。因为牺牲者的出现,并不仅仅证明恋爱至上主义的存在,并且能暴露社会经济的病根,表明这社会不能满足两性的理想,表明恋爱本身所受的物质的限制。

徐君所问的形态和本质的统一及其矛盾，就是这样解答的。

五　将来的两性关系是怎样的

最后我们要解答恋爱是不是会没落，如果我们把恋爱单纯归结到性欲上，那我们当然不能承认恋爱会没落，因为这样一来，性欲存在一天，就有一天的恋爱，更进一步，我们将以为别的动物的性行为也是恋爱了。这当然是一个错误。我们已经知道封建婚姻中有恋爱，我们也知道在今日资本主义的末期，经济上的独占形成和一般大众的贫穷化时代，恋爱也没有成立的条件；这时的男女关系已经露骨的成为买卖式了。这表明恋爱也并不是有永久性的东西。

但要紧的是将来社会里是不是有恋爱的问题，据那妇女团体中的人主张，是真正自由平等的恋爱要在那时候才能出现。这一点，有一部分是对的，因为根据社会科学，我们确实可以预料将来必有更好的社会经济制度，因此也有更理想的两性关系。但事物的变化，不只是量的方面的变化，质的变化才是更重要的。我们绝不能说将来的两性关系仅仅是比现在的更合理，我们还要说在那时，两性关系在本质上也要起变化。至少我们可以想到，在公有制度完全确立的社会里，"思想行动之协调、人品学问之相当"等条件是不成问题的，两性的结合，也用不着讲这些条件，这些条件只在目前不平等的社会里才会提起，因为不平等的制度使人群间的思想等等不一致，才有这些条件的要求。既然用不着讲这些条件，那么，男女的结合就可以由纯粹的友爱达到目的了。其次，我们的恋爱理想中所具有着的那种占有欲，在将来的社会制度之下，是可以不存在的，两性关系可以达到爱而不恋的境地。

　　这两点,是我们可以推测到的。如果我们一定要把将来的这种两性关系叫做"真正合理的恋爱",那我们不必一定要反对,因为我们并不是要在名词上争执,要紧的是要明白,这一种两性关系,和现在我们心里所想的恋爱,或资本主义初期人们的恋爱理想,在本质上始终是有差别的。

　　我们的答复大致说完了,总之,这妇女团体是进步的,原因是她们都没有受到观念论的毒害,她们都相信将来的合理社会,但她们的错误是有机械论和形而上学的色彩,用简单的性行为解释复杂的恋爱,就是机械论;把恋爱看做永久不变的东西,就是形而上学。至于徐君自己,她主张恋爱的本质能够变化,这是正确的,她矫正了她们的形而上学的错误,但她自己也和她们一样,同是上了机械论的当,以为恋爱的本质就是性行为。性行为是生物的行为,不是人类特有的行为,但恋爱却是在人类社会一定的基础上发生的,不是简单的性行为可以说明。

　　最后,说到生物的性行为,当然也不是永久不变的。性行为不过是生物的生殖方式的一种,有许多生物,不一定要两性交接,仍能生殖的,那就说不上性行为了,但这不在恋爱问题的范围以内,我们不再多说了。

非常时的观念形态

——答夏士融君

ZheXue Yu ShengHuo

一

这问题一提出来,恐怕有许多人先就要我们解释"什么是观念形态?"因为,"观念形态"四个字,在许多人的耳朵中,也许已经听得很熟了,但对于它的意义,却常是不十分明了,甚至于有的人全为不知道它是指什么。

薛君就是这样的,他的来信也只要我们解释这名词的意义,但我们觉得,观念形态这东西,在我们的生活中有很大的作用,尤其是在民族危机严重已极的这非常时,它的作用更是不能忽视,因此,除了给薛君解释一下名词的意义外,还顺便讨论一下非常时的观念形态,这样,我们的答复可以更切合实际一点。

　　观念形态,也有人写做"意识形态",两个名词意思全然没有分别,是大家知道的。它所包括的东西,就是文学、哲学、科学、宗教、道德法律之类,总之,是和社会的物质组织(如经济组织、政治组织、军事组织之类)对待的东西。

　　讲到观念或意识,我们平常人时时刻刻都有的,我们每做一件事,都要用自己的意识来评判一下,然后才决定做不做。这就叫做"考虑",也叫做"通过意识作用"。我们做事都要经过多少的考虑,也就是都要通过意识的作用。因此,意识或观念,在我们的日常生活中是没有一时离得开的。

　　为什么我们日常的意识不叫做意识形态,却单称做意识?这分别在哪里?例如哲学是意识形态的一种,在我们日常的意识中,又何尝没有哲学一类的思想?哲学上认为世界是变动不定的,我们在平常也会觉得周围的一切变得很快,这不是一种哲学思想吗?文学是观念形态的一种,文学里有时会描写被压迫民族抗争的故事,我们在民族危机的前面,也常有许多悲壮激昂的抗争意识,这和文学又有什么不同?信奉宗教的人,他的宗教意识是随时随地都会表现的,但个人的宗教意识,我们仍只能称之为意识,只有宗教思想的本身我们才叫做意识形态,这又是为什么?

二

　　要答复这问题,我们希望大家自己研究一下自己的意识。比如说我们有民族意识,这民族意识是指什么呢?是指我们心里能够觉到自己的民族应该有独立自由,遇到帝国主义来侵犯,我们就觉得需要用武装抵抗,认为自己本身也应该勇敢地走上民族战线的前线去。但一个人的意识绝不是这样简单的。一个人不但有着民族意识,同时也会打算着个人的事情,不但打算个人的事情,同时还混杂着各种新旧的观念。这样一来,使一个人的意识弄得很复杂。

我们常说某人意识模糊,所谓模糊,并不能呆板的照字面解释做"不清楚"的意思,意识所以会模糊,是由于意识的内容混杂,愈混杂,意识才愈不清楚。革命意识里夹杂着封建观念,这革命意识自然就含混了,一个民族的斗士不能把身家性命妻室儿女的观念抛开,他的民族意识就不会坚强,民族英雄会成压迫爱国运动的汉奸,原因就在这里。

无论什么人,他的意识总是多少有些混杂的,这就使得人的思想自己常常有矛盾。就是最前进的革命者,我们也不能说他全然没有矛盾。他所以能够不断地前进,是因为他能够不断地克服了落后的混杂的意识。反过来说,如果他让自己意识中的落后的部分占了优势,即使曾是最前进的革命者,也可以成为社会进步的敌人的。

为什么意识会免不了混杂和矛盾?原因是我们的意识是从实生活中得来的。我们的意识就是我们实生活的反映。每一个人的实生活是非常矛盾复杂的东西,因此反映出来的意识也就不能不有这矛盾而复杂的现象了。

我们是半殖民地被压迫的民族,在我们的实生活中,一般都感到民族敌人的重压,但各人的地位不同,各人都要在自己有限的地盘之内,替自己的生活打算,于是又感觉到有自己的小集团的利害问题。做商人的有商人的利害打算,做统治者的为统治权打算,他们的意识,都反映着他们的实生活中的各种要求,这些复杂的成分夹杂在他们的意识中,于是和民族解放的意识就矛盾起来了。有的发觉真正的民族的出路只有武装抵抗,有的不愿抵抗事件的发生,始终要"和平""忍让",有的索性就露骨地投入敌人的怀里，成了明白的汉奸。各种集团的意识有这样不同，他们实生活的地位实在有着很大的作用。

三

因此，由于生活地位不同，人的意识也常是不相同了。反过来说，地位相同的同一集团的人，在意识上大体也常会一致。各个人间的个别的差异或例外是不能免的，但同一地位的人，他们的意识总有一个共同的形式。能够代表某一集团的共同意识的形式，就是意识形态，或观念形态。

我们说哲学是一种意识形态，因为它常有一定的系统的理论形式代表着某一集团的人们的意识。悲观主义的哲学，代表着社会上没落的集团的意识，享乐主义的哲学，代表着颓废淫靡的集团的意识。我们说道德是一种意识形态，因为它也常是某一集团的人的共同意识的形式。男子在社会经济里占重要地位的时候，道德就拥护男人的利害，而有重男轻女的道德，这就是最显明的一个例子。文学也是观念形态，唯美主义的文学代表着社会上某些寄生集团的共同意识，因为这些人的生活脱离了现实。现实主义的文学是实践活动中的人们的主要的观念形态，因为这些人是能够面对现实的……

但重要的是，观念形态不仅仅是代表集团的共同意识，同时也是更明白更确定的集团的共同意识。一个颓废淫靡的集团中的人，不一定个个是十足的享乐主义者，在这样的个人中，他的享乐的意识是不会彻底和坚定的，但享乐主义的观念形态却不能不很彻底很坚定的主张享乐。这样，观念形态不但代表这集团的意识，并且是这集团意识的推动者。

这就是观念形态的作用。我们为什么要学社会科学，为什么要学哲学,为什么要学文学? 有的人以为哲学是空洞玄秘,科学对日常生活没有关系。有的人又高叫"文学无用"。这都是不懂得观念形态的作用的缘故。其实正确的科学哲学和前进的文学,是很能增进我们的意识,使我们的认识更坚定更明确的。反过来说,颓废的文学和不正确的科学哲学,又可以把我们引到邪路上去。

这作用,在我们的生活中是不小的,是无形的,说"无用"吗? 其实它的用处是在无形中,这更值得我们注意了,正因此,这非常时的观念形态对于我们就成了一个重要问题。

四

中国目前的非常时期,在内部表现出不断的内战和严重的天灾,在外部是民族敌人得寸进尺的加紧侵略,然而最吃紧最重要的,还是这民族被侵略的危机。在这样的非常时期,民族的解放和民族统一的武装抗争思想,应该是我们共同的最主要的观念形态。一切的观念形态,都得要依属在这最大原则之下。

妥协、投降,固然要认为是和民族敌对的思想,就是主张忍让和平的观念形态,也认为是在事实上帮助了敌人的。每个民众应当有自动地积极地起来救亡救国的意识。逃避现实,苟且偷生,只求自己的闲适,不管国家大事,这种个人主义的思想,也是会断送民族生命的意识形态。实际上在这样吃紧的关头,要想单独找个人的出路,也是不可能的事。少数的个人虽然在串通了敌人的情形之下,得以苟且荣耀,然而大多数的个人的出路,是和民族的出路分不开的。个人应该随时有为民族战争而牺牲的准备,才能够英勇地为民族抗争而奋斗,这就是要打破个人主义的观念形态。

封建的观念形态,也是必须要克服的,只求一家的荣耀,不顾民族的利益,结果产生了"满洲国"以来各式各样的汉奸。束缚妇女的社会活动,厉行良妻贤母的教育,想把一半人口的民族生活力从社会上拖开,这也是封建观念形态的一例。

科学哲学在非常时期,应该集中在民族抗争的事实和行动的指示上,研究自然科学的人应该极力传播近代战争的技术上的知识,尤其是毒瓦斯战争和防御的知识。社会科学应讨论到民族解放的经济和政治上的各种实际问题,哲学应该不断地批判妥协主义者的理论基础,建立斗争的理论基础。

就文学来说,已经发生过的民族斗争中可歌可泣的事实,应该是它的最好的题材。目前所需要的文学是现实主义的文学,是暴露的文学,文学上要努力写出现实的真相,暴露一切侵略者和各式各样汉奸的丑形,应该表现出民众的愤怒和一切抗争情绪,使读者在活跃生动的描写中坚定起自己的意识。

道德宗教之类也是一样。譬如说什么"礼义廉耻",我们就不需要把它弄成一些表面的无关重要的虚文的规定,却要从属于民族抗争的大目标之下,能够真正起来抗争的人,才叫做知耻。至于宗教,也是一样的,不管是什么宗派的人,应该在民族抗争的大旗之下联合起来,把民族解放的观念当做大家共同的最高信仰。

以上所举,不过是几个简单的例子,最详细的地方,是要多数的人自己来做的,改造观念形态,和改造社会是同样伟大艰难的事业。不单只是要有专门研究的人如哲学家、文学家、宗教家等来做,并且也要普遍的民众自己也努力做。譬如汉奸压迫民众爱国运动的情形,我们就不一定希望文学家从旁观的立场的描写,却更希望实际行动中的民众用报告文学的方式写出他的经历。

非常时对宗教的态度

——答熊宝君

ZheXue Yu ShengHuo

编者先生：孙传芳被刺杀的事件，各处都谈论得很多了。我不认为这是什么了不得的大事，本不想把它提出来麻烦你们。但因为它发生在佛教的大本营里，使我想起了关于宗教的问题，想问一问你们的意见。你们对于宗教的问题，从来还没有讨论过，希望趁此机会给我们一个指示。

据我看来，这件事的本身，对于宗教也不见得有什么意义。即使有意义，恐怕也不过是加强了宗教的迷信罢了。有些人把"血溅佛堂"的故事看得很重，以为这是对宗教的一个反面的讽刺，其实我就看不出什么讽刺，在一般人的眼中，反而觉得这是佛教中因果报应说的证明，反而足以给一切靠佛教吃饭的人利用作宣传的好材料。它在宗教方面的反动性和保守性是非常浓厚的。这浓厚的程度不下于"替父复仇"的故事,在旧道德方面的保守性和反动性。

这件事的本身,虽然没有丝毫积极的意义,但它的出现,使我们想到:像孙传芳这样一个军阀,当他得势的时候,不知道屠杀了多少生命,榨取了多少人民的血汗。失势了以后,又可以拥有极大的资产,到租界上去过安闲的生活。他正是今日不良社会制度的代表者。而这样的一个代表者,走进宗教的殿堂里去,公然又成为"大师",坐上了长老的首席。由这样的事件看起来,宗教这东西的真面目是什么,就可以推想而知了。宗教是不良社会制度的拥护者,它替不良制度的代表者设下很巧妙的出路。它对于社会上的罪恶,在表面上好像也反对,甚至于要加以制裁的。但它对于罪恶的制裁,大部分是推到来世去,或者是说些死后地狱的裁判的鬼话,这样一来,就让现世的罪恶横行下去了。

我曾记得有名的社会科学家说过:"宗教是人民的鸦片"。这真是一个恰当的比喻。鸦片是有毒的,而且中了毒以后,就会成瘾,没有办法丢开。宗教把不良制度的毒害种在民众的身上,使它成为民众的根深蒂固的习惯,使人没有办法摆脱了它。现在还有很多痛苦的人民,明白他们的痛苦是不良制度造成的,而他们因为受了宗教迷信的毒素作用,仍然以为是前世作孽、神灵发怒的结果。譬如水灾,明明是负责河工的当局平常不顾农民的利益,不好好的做防范的工作,而寺院里的人却告诉人们说这是河神作怪。结果是人民虽然穷困,寺院的香火却愈更发达起来,灾荒虽然厉害,人们却不知道怎样去找正当的出路。这真可以算是鸦片的作用了。

宗教的毒害既然这样厉害，我们不是就应该设法来反对它了吗？但反对宗教是与大多数民众有关系的事，它的深固的根蒂是种植在大多数民众的生活里的，要把这种根蒂切实的拔去，我看真是一件最不容易的事，有时候看起来简直是不可能的事。过去曾有人用种种的方法反对迷信，都没有什么效果。例如，用演讲会之类的方法，想在民众中间灌输科学知识，使他们觉得宗教迷信是不可靠的，这办法可以说是一点成效也没有的。前两年又有人用"打破偶像"的方法来反宗教，把寺庙里泥塑的神像都捣毁了。这不但没有效果，反而引起了民众的反感，甚至于加强了他们的宗教信念，因为神像被毁，引得他们非常恐惧，怕这样一来，神灵一定发怒，要有什么灾荒了，恰巧又发生了连年的灾荒和兵乱，民众生活困苦的增加，使他们觉得好像从前的畏惧果然成事实了，这不是更加强他们的宗教信仰了吗？

中国的宗教问题，也并不简单，在民众中间有了势力的宗教，除了佛教外，还有回教、道教、外来的基督教，也多少有些势力，孔子也算是一种变相的宗教对象了。我们如果要反对宗教，对于这些复杂的派别，要采用什么方法才会适当，才会有效呢？

并且，我还有一个问题：反对宗教的问题，是不是值得我们当做最重要的问题来处理呢？眼前中国最迫切的问题，显然是民族的危机。如果要说现在是非常时期，那我们得加上一个形容词，说这是民族生死存亡关头上的非常时期。现在是应该用最大的力量去对付民族敌人的时候。在这种情形之下，我们是不是还值得分一大部分力量来对付宗教问题呢？我想这倒是很值得讨论的一件事，所以要提出这"非常时对宗教的态度"的问题来请教。

——熊实君来信

一　我们要讨论的问题

熊君提醒我们第一次来谈宗教问题，我们觉得很高兴。熊君对于宗教的见解，在原则上我们认为是很对的。一般地说来，宗教是人民的鸦片，宗教是不良社会制度的拥护者，这是现在社会科学上已经确定了的见解，不容人再有疑问的了。

但宗教的作用，在各种情况之下，有各种各样的表现，确实不是一个简单的东西，因此，说到我们对宗教的态度，也就不是简简单单的"反对"二字可以了事。这并不是说我们现在还要拥护宗教，我们只是要说，反对宗教不是轻轻容易的事。宗教在民众的生活中，正如熊君所说，是非常根深蒂固的东西，它是社会意识形态中最顽固的一种，它不但和不良的社会制度紧密地结合着，即使制度改变了，它还能够在民众中间发生不少的作用，像苏联那样的国家，社会制度是早已变了，但宗教势力仍然没有根绝。

反对宗教是不成问题的，成问题的只是宗教问题太复杂、太繁难，不知道要用什么态度和方法，才能够有效地对付这问题。这是今天我们要讨论的。

二　宗教的各种作用

在这一篇短短的答复中，我们不能把宗教的各方面问题，都详细说到，只就熊君所问到的范围以内说一说。刚才我们已经说过，宗教的作用，在各种情况之下，是各式各样的。它是不良社会制度的拥护者，在不良的社会制度里，处在优势中的人们是压迫者。宗教既然拥护这不良制度，对于压迫者的优势当然也加以辩护的。事实上它是为压迫者所利用，替压迫者服务。但各时代各社会的压迫者所处的情形不同,他们的压迫方式也就有差异。因此宗教的作用也就有变化、有发展。

我们现在不能有系统的说明宗教的发展,但有几点是可以指出来的。譬如,对于一国内的劳苦人民,它的主要作用是要发挥那牺牲的说教,要苦难的人们忍受着现世的痛苦,允许他们死后得报酬,这样,压迫者的压迫可以维持,而被压迫者却失去反抗的意识了。这是宗教的最普遍的作用。又譬如,在帝国主义的时代,帝国主义者对于殖民地实行侵略时,宗教又有两种作用。第一,侵略者可以利用宗教的顽固的宗派性,使殖民地国内民众自相残杀,帝国主义者就可以从中取利,这在印度回教徒和婆罗门教徒中间,就常常吃这样的亏。中国新疆的回汉冲突和西藏的两个喇嘛的斗争,都是很好的例子。中国的军阀内战虽然不是宗教战争,然而被操纵的情形却和这非常相似。

第二,宗教一方面有顽固的宗派性,而另一方面却又有一种虚伪的世界性,这在一定的情形之下,对于帝国主义侵略行为也能尽帮忙的作用。凡在一个宗派之下的人,不论国籍,不论身份,宗教在表面上是一律平等的,侵略者借着这种特点,不妨对于被侵略者所信的宗教加以提倡,使被侵略者发生好感,忘记了侵略者的地位,这就是所谓的烟幕作用。譬如,意大利把阿比西尼亚的"圣城"阿克森占领了,意军却下令要保护阿克森的教堂。东方的侵略者吞蚀了中国的土地,却煞有介事地提倡佛教和孔教。

三　宗教问题是不是重要

宗教的作用已经讲过了,现在再来解答熊君最后提出来的问题:在民族危机非常尖锐的当前,宗教问题是不是可以当做最重要的问题呢？关于这问题,本来可以有两个互相反对的解答。或者说:现在唯一的重要问题只是民族危机方面的,这要用我们的全力对付,其他一切都顾不了,所以宗教问题可以丢在一边。或者说:民众受了宗教的麻醉,就没有抵抗的意识,因此反宗教是最重要的问题之一,要和民族解放同等看待,两者要并行的做。

但这两个相反的意见,都是不对的。第一个意见是把民族解放运动看得太简单化了。它不知道敌人的侵略并不是简单的行为,侵略不但在军事上、政治上、经济上表现,在文化上、宗教上敌人也会应用他们侵略的手腕的。看不见这一点,以为民族解放运动仅仅是一个武装抗争的运动,这是近于机械论的错误。自然,现在中国最迫切需要的是武装抗争,这是眼前最要着重的事,但如果因此便把其他一切放置不顾,那也很有危险。文化或意识形态的作用不是可以轻视的,忽略了民众习惯最深的宗教问题,也就是漏给敌人一个进攻的空隙。这是不能不注意的事。

第二个意见的错误,是把宗教看成独立作用的东西,不知道每一种形态的宗教都有一定的社会制度做它的根据,每一种方式的宗教政策都和压迫者或侵略者的主要行动有密切关系。因此,应付宗教问题,应该从它的社会根据上着眼,应该从侵略者的政策上着眼。不这样去做,要和民族解放运动独立地并行地反宗教,那结果就和开演讲会捣偶像一样,反宗教既没有结果,对于民族解放运动也没有益处。

宗教问题是不能忽视的,因为侵略者会利用它作为工具。同时也不能把它独立起来做,把它的重要性和民族解放运动并列起来。对于宗教问题的正当看法,是把它和民族运动适当地联系起来,并且要从属在民族解放运动的大目标之下。

四　怎样办呢

在解放民族运动的大目标之下，我们对宗教的态度，应该针对着帝国主义者或国内帝国主义的代理人的侵略政策来做的。

例如：当侵略者利用宗教的宗派性来挑拨民族内部的自相残杀时，我们对于宗教也就不能取单纯的全然反对的态度，我们所要反对的地方必须以宗派性为中心点，使互相冲突的宗教民众能结合到民族抗争的统一战线上去。

当侵略者或国内的代理者也来提倡民众所习惯的宗教，想借此掩饰他们的狰狞面目时，我们所取的态度，是要抓着民众现实的物质利益，来和侵略者的欺骗对抗，证明宗教的欺骗是怎样危害了民族的生存。

同是侵略者的工具，但侵略者相互间的冲突矛盾，使得工具中间也有冲突矛盾。被侵略的殖民地民众，要能够善于利用这种矛盾冲突，是很有好处的。例如：东方和西方的侵略者虽同是被侵略者的敌人，但因为前者进攻得太过火了，后者不能不给他以打击，有时甚至于因此不能不支持被侵略者的抗争运动，这对于被侵略者多少总是一种好的反抗机会。意国对于阿比西尼亚就是这样的。在宗教上，这种情形也有时反映出来。西方侵略者的宗教集团，对于中国的民族抗争运动，有时多少也会取着赞助的方式，虽然这是非常有限的，但在民族抗争的总目标之下，我们对他就不能如最大敌人一律看待，我们要利用他所给我们的一切机会，加强起抗争的力量来。

以上几点，就是我们在非常时的当前对宗教应取的态度。性急的人也许以为这对于宗教的存在，一时是不能推翻，觉得不满，但在民众生活中根深蒂固的宗教，本来不是一下子可以推翻的东西。它和旧社会的一切密切地结合着,反对宗教,也要和变革旧社会取同一步骤,旧社会全然摧毁了的那一天,宗教的根据也才会消灭。在目前,我们变革旧世界的任务是以民族抗争为主,因此对于宗教的态度,也只能适应着这任务,着重以上的几点。

学习毛主席认真读书
不耻下问的精神

王子野

ZheXue Yu ShengHuo

　　读了毛主席 1938 年写给艾思奇同志的一封信和他读艾著《哲学与生活》的摘录笔记，思绪万端，心情久久不能平静。

　　最近又读了郭化若同志写的《在毛主席身边工作的片断》，中间讲到毛主席发愤读书的感人情景，两件事很自然就联系起来了。毛主席攻读马列著作废寝忘食，分秒必争，不分昼夜。重要的书，他不是读一遍、两遍，而往往是十遍。这种精神永远值得我们学习。

　　毛主席读书不但动脑，而且动手，笔头很勤，经过他读过的书差不多都作了眉批和旁注。这种情况我也曾有幸亲见。回忆 1942 年延安整风时,我调去杨家岭中央书记处图书资料室工作,经常给主席提供资料和图书,主席读过的书都保存在我们的图书资料室里。经主席批注过的书很多,书名记不清了。但是李达同志的《社会学大纲》划线最多,批得最详细,至今记忆犹新。可惜这些批注的版本在战争年代都已遗失,要能找到多好呀!

现在发表的《艾著〈哲学与生活〉摘录》手稿 19 页,又给我们提供一个新的证据,证明毛主席读书认真,不但勤于作批注,而且还不厌其烦地作这么详细的摘录。一想到这摘录不是出自一个初到延安的青年学生之手,而是我们敬爱的领袖,一个经验丰富、知识渊博的伟大革命家亲笔写下的,谁能不受感动啊!

毛主席对马列主义的新哲学有这么大的兴趣,下这么大的功夫,难道是出于个人的爱好吗?是偶然的吗?都不是的。就在写这摘录的同一时期,毛主席自己已经作出了回答:"指导一个伟大的革命运动的政党,如果没有革命理论,没有历史知识,没有对于实际运动的深刻的了解,要取得胜利是不可能的。"(见《中共六届六中全会的报告》)毛主席还号召全党来一个学习竞赛,他不仅言教,而且还身教,这个读书摘录就是证据。有些人对理论很不重视,不感兴趣,读了毛主席的这份手稿应当感到羞愧,受到激励。

毛主席写给艾思奇同志的这封信也很令人感动。信不长,不到一百字。第一句话对艾著作了极高的评价,然后讲他读了得益很多,又将摘录稿送请艾思奇同志阅正。提出一点疑问也是商量口气,字字句句都使人感到诚恳、亲切、谦虚。特别是最后两句"今日何时有暇,我来看你"给人留下更深刻的印象。毛主席不是约来聚谈,而是亲自去登门造访,这种虚怀若谷、不耻下问的精神何等令人敬佩。这种崇高的风格有力地说明,我们党的领袖是同人民群众紧密无间地结合为一体,是群众中的普通成员。我们应把毛主席的这封信当做座右铭,时时警惕自己,绝不可骄傲自满,切不可忘记当群众的小学生。在目前肃清"四人帮"流毒,拨乱反正,努力恢复我党的优良传统的时候,学习这封信特别有现实意义。

《艾著〈哲学与生活〉摘录》涉及哲学上的许多重要问题:绝对主义和相对主义,形式逻辑与辩证逻辑,归纳法与演绎法,分析与综合,特殊与一般,差别与矛盾,外因与内因,本质与现象,运动与静止,辩证唯物论与机械唯物论,等等。除了差别与矛盾问题作了评论之外,其余都是原书摘抄。说明毛主席对这些问题是重视的。

有的问题比较复杂,如形式逻辑与辩证逻辑的关系问题,争论了几十年还是众说纷纭,各讲各的道理。对于这样的学术问题只有靠开展百家争鸣才能逐步求得解决,一点也来不得粗暴。对待这样的问题毛主席从来都非常慎重。1958 年 7 月 28 日他给周谷城同志的信就是证明。那信上说:"我对逻辑无多研究,不能有所论列,问题还在争论中,由我插入一手,似乎也不适宜。"毛主席在学术讨论上这种谦虚谨慎的态度给我们树立了光辉典范。过去在中国古代历史分期的研究中,彼此争论不下,有的人就要引证毛主席的话来作标准,毛主席很不赞成。他劝历史家们还是要靠锄头去发掘地下遗物,找出物证来才能说明问题,千万不要轻率作出结论。

摘录稿上既提到反对绝对主义,又反对相对主义,这个问题对目前特别有现实意义。毛主席经常教导我们要一分为二看待问题,不能搞绝对化,说好就一切都好,说坏就一切都坏,这是形而上学。要知道世界上的事物都在发展变化中,在此时此地是好的东西,到彼时彼地可能变成坏的了。所以辩证法主张一切都依时间、地点、条件为转移。没有抽象的真理,真理是具体的。毛主席说,具体问题要作具体分析。在林彪、"四人帮"横行的日子,是非颠倒,黑白易位,形而上学代替辩证法,绝对主义猖獗一时。现在一些人思想不解放,陷于僵化半僵化状态,就同这种思想流毒分不开。林彪、"四人帮"一方面大搞绝对主义,制造现代迷信,胡说什么"句句是真理";另一方面又搞怀疑一切,打倒一切,什么也不能相信,前后矛盾。这伙人都是实用主义者,实用主义是不择手段的,只要能达到他们篡党夺权的目的,管它逻辑矛盾不矛盾。摘录稿上讲得好:"怀疑是对的,怀疑一切是不对的。"毛主席在《整顿党的作风》中说:"共产党员对任何事情都要问一个为什么,都要经过自己头脑的周密思考,想一想它是否合乎实际,是否真有道理,绝对不应盲从,绝对不应提倡奴隶主义。"但是怀疑一切是不对的,难道坚持社会主义道路,坚持无产阶级专政,坚持党的领导,坚持马列主义、毛泽东思想这四条基本原则也可以怀疑吗? 这是不能怀疑的。

(原载《中国哲学》第一辑)

关于毛主席给艾思奇同志信的几点回忆

王丹一

ZheXue Yu ShengHuo

　　毛泽东同志给艾思奇同志的信和《艾著〈哲学与生活〉摘录》手稿的公开发表，这是一件值得庆幸的事情。

　　手稿是1938年年初毛泽东同志写给艾思奇同志的。当时，艾思奇同志在理论战线上是个年轻的战士，还不到30岁。《哲学与生活》是继《大众哲学》之后，在上海《申报》、《读书生活》为答读者问写的一些短文，后来汇集成册的。当时，毛泽东同志是全党公认的领袖，已经写出了《实践论》、《矛盾论》等光辉专著；他在领导抗日民族解放战争的伟大事业中，昼夜操劳，日理万机。但是为了革命斗争的需要，他十分重视哲学的研究,关心哲学的普及,竟注意到了艾思奇同志这么一本普通的小册子,并给予鼓励和支持。毛泽东同志在延安窑洞里的煤油灯下仔细阅读,用毛笔摘录了达 19 页之多,并提出了差异就是矛盾的卓越见解。毛泽东同志确实做到了学而不厌、诲人不倦,使艾思奇同志受到深刻的启示和鞭策。

我初次见到手稿,是在抗战胜利后。当时国民党反动派大举进犯延安,党中央作了战略部署,疏散老弱病残和带幼儿的妇女,诱敌深入,情况十分紧急,动员令下,几小时便要启程。出发前,艾思奇同志(当时他在《解放日报》社任总编辑)匆忙交给我一个纸包说:"报社、电台领导人员要跟随党中央转移,可能有战斗任务,要轻装。这份毛主席手稿由你保存,千万不可丢失。"我受此重托,带着刚满周岁的婴儿,离开战斗、生活了 9 年的延安。

延安暂时陷落,非战斗人员转移到黄河以东。我当时把手稿看做和自己的生命一样。记得过军渡时,国民党飞机狂轰滥炸,只好夜晚行军,白天分散在山沟里隐蔽。以后报社大队人马和疏散人员汇合,向晋察冀边区进发,途中因我一家三口都生了病,留在晋西北的伤兵医院。病愈后,又翻过五台山,渡过雁门关,爬越陡峭的山路,跋涉冰冷的河水,通过封锁线,前后将近一年的时光。在那战火纷飞的岁月里,手稿一直在我身边,鼓舞着我前进。

到晋察冀边区不久,艾思奇同志应范文澜同志的邀请到晋东南北方大学去讲课。他只身去太行山,我单独留在西柏坡附近农村搞土改,手稿仍放在我这里。当时,我军正进入战略大反攻;土改、扩军、征粮、支前,任务繁忙,孩子拖累,但是比起行军赶路,还是安定得多了。直至此时,我方能认真学习这份手稿。

那字里行间,充满着毛泽东同志对青年理论工作者的关心和爱护,倾注着毛泽东同志对哲学研究的心血,态度又是那样谦虚,我深深为毛泽东同志那种精神所感动。

全国解放后,我想大概不要再为这份手稿的命运担忧了,但事实并非如此。1960年前后,我们将它裱成精致的册页。当时分工主管党校的那个"理论权威"闻讯,当即拿去让他本人和所谓"当代书家"陈伯达题词写跋。艾思奇同志知道了,坚决不同意,并对我说:"快拿回来,不要招摇。"我有些诧异,以为是自谦,就赶快取了回来。直至艾思奇同志逝世,这份手稿除身边工作的少数同志,从未轻易示人。

艾思奇同志去世不久,"文化大革命"开始了,陈伯达和"理论权威"更加不可一世。他们在中央党校大耍两面派手法,干了许多坏事,开始暴露出他们的险恶灵魂。那时我回想起艾思奇同志生前的话,才醒悟到他当时为什么那样讲。粉碎"四人帮"以后,一位深受迫害的思奇同志的老上级曾郑重地告诉我:那个"理论权威"在"文化大革命"以前,就对他说过,毛主席对艾思奇同志的评价那么高,不能算数。这使我进一步明白了当时艾思奇同志为什么坚决不要他们题词写跋。

林彪、"四人帮"横行时期,使我为手稿的命运更加担心了。那个自封为"理论权威"的人,于1967年年初就残酷地把党校一个三百多人的群众组织打成"反动组织"。我被怀疑为"后台"。他们唆使一帮人,深更半夜,砸烂门窗,越墙入室,揪我去陪斗。以后我又被逼多次搬家,旧书室两次被撬,书册四散,狼藉满地,丢失的难以数计。但手稿幸存,使我感到欣慰。林贼的所谓"一号战备"命令下来,书籍尚未清理,就要全家火速连锅端到千里之外的五七干校,那里是河南黄泛区,低洼、潮湿、难免鼠噬霉蛀,手稿的去留又成了问题。我正在一筹莫展,却得到一位部队老同志的帮助,他说:"交给我吧,只要我活着,手稿就不会遗失。"他把手稿空运到外地保存。几年后,我因为病重,不得不返回北京治疗,这位好心的同志才将手稿运回,交还给我。这位老同志现在已经与世长辞了,由于他的慷慨协助和心意,使手稿完好无损,我至今也难以忘怀。

这份命运坎坷的手稿,伴随革命的历程,已和我一同经历了40个寒暑。它经受了战火的考验,林彪、"四人帮"的浩劫,还遭遇了大地震的厄运,总算安然等到了春天的来临。1977 年 10月 9 日下午,阳光充满校园,停办了十年的中央党校又重新开学了。为了庆贺中央党校的新生,在胡耀帮同志的帮助下,我把这份手稿亲自交给了党中央。

现在在三中全会精神的指引下,全党工作的着重点已经转移,形势一片大好。正当全国人民在实现四个现代化的新长征途中,手稿终于和广大读者见面了。回忆往事,历历在目,使我感慨万千! 但愿手稿的发表,能在科学的春天里,促进理论战线开放出更多的鲜花,结出更丰硕的成果。我想艾思奇同志定会含笑九泉。

1979 年 5 月 22 日

(原载《中国哲学》第一辑)